筑摩選書

玄田有史
Genda Yuji

雇用は契約

雰囲気に負けない働き方

雇用は契約　目次

雇用は契約

雰囲気に負けない働き方

はじめに

　新しく何かを始めようとするときには、どんな人でも、多かれ少なかれ、不安を感じたりするものです。学校を卒業して初めて就職する場合など、「自分にできるだろうか」「周りに迷惑をかけないだろうか」とかドキドキすることもあれば、職場の人たちは自分のことを大切に考えてくれるだろうかと心配になったりもします。

　そんなとき、会社の経営者、上司、先輩などといった人々が、「心配しなくても、大丈夫だから」とか、「悪いようにはしないから」などと、やさしく言葉をかけてくれることがあります。その上で、働き方や処遇などの細かいことは、実際に働き始めてから「おいおい説明するので」と言ってくれたりもします。「社員は家族のようなもの」「アットホームな雰囲気の職場」「わが社は従業員を家族の一員だと思っている」といったことをアピールしている会社ほど、特にそのような傾向が強いかもしれません。

　そもそも会社というところは、大企業から中小企業に至るまで、最初から細かく仕事について取り決めておくことを得てして望まないものです。できればその人の仕事ぶりをみながら柔軟に処遇や評価を決めたいと思っていますし、そのほうが働く本人にとっても望ましいと考えたりしがちです。新入社員も、仕事や処遇について、前もって詳細な説明を求めたりしようものなら、「よそよそしい」「水臭い」といって会社から煙たがられたり、悪い印象を与えるのではないかと思うと、訊くにも訊けません。

2013年の春から夏にかけて放送されたNHKの連続テレビ小説「あまちゃん」（脚本・宮藤官九郎）のなかに、こんなセリフがあります。

「悪いようにはしないからって、悪いやつのセリフだよね。」（第120回）

音楽プロデューサー太巻（古田新太）が、ある歌手の影武者になることを天野春子（有村架純）に、「悪いようにはしないから」と言って頼み込みます。その話を立ち聞きしていた喫茶店「アイドル」のマスター（松尾スズキ）が思い出してつぶやいたのが、この言葉でした。

この「あまちゃん」の話もそうですが、「悪いようにはしないから」といった言葉の背後には、言うに言えない事情があったりします。そして悪いようにはされないだろうと、話を信じてしまった人には、多くの場合、悲しい結末が待っているのです。

たしかに長い期間にわたって関係を続けることが前提であれば、かりに今、苦しいことを強いられたとしても、将来的にはそれが報われる機会もあるように思います。けれども長期的な関係が保障されていない状況で「悪いようにしない」は、多くの場合、根拠のない口約束にすぎません。

そんな曖昧な口約束がもたらす**不幸な出来事を避けるためにあるのが「契約」**です。雇い手と働き手が約束する雇用の関係も、すべては本来契約によって取り決められるものです。当たり前のことですが、**雇用とは契約**なのです。

働く現場では、さまざまなトラブルが日常的に発生しています。長時間労働が慢性化している職場で、その原因を探ってみると、「とても自分だけ帰れるような雰囲気ではないから」とか「他の人もそうだから仕方がない」といったことが指摘されたりします。しかしながら、労働時間をはじめとする基本的な労働条件は、雰囲気や仕方がないといったことによって左右されるものであってはならないものです。

すべては雇用関係を取り決める際に交わされたはずの契約にしたがって働くことが最優先されるべきです。職場の和や協力が大事であるのは言うまでもありませんが、それも約束した契約の内容が守られることが大前提です。契約内容を超えた合意のない働き方は、雇われて働く人の意思を無視した強制以外の何ものでもありません。

本書では、雇用は契約であるという原点に立ち返ることで、働くことにまつわる現実を見つめ直してみます。特に雇用契約のうち、本書の中心となるのは「契約期間」です。契約期間を軸に、働く環境とその変化を考えていきます。

そこでまず、この本の展開を見通すため、契約期間とさらに就業時間という観点を用いて、雇用にまつわるイメージを図示してみました（次ページ）。働き方には、雇われて働くことを意味する雇用のほか、自分で事業を行う自営という選択肢もあります。そのうち、雇用に関する関係

図1　これまでの雇用社会（イメージ）

		契約期間	
		無期契約	有期契約
就業時間	一般時間	正社員	
	短時間		非正社員

図2　実際の雇用社会

		契約期間	
		無期契約	有期契約
就業時間	一般時間	正社員	正社員･非正社員
	短時間	正社員･非正社員	非正社員

期間不明　正社員･非正社員

やそれを取り巻く環境のことを、以下では「雇用社会」と呼ぶことにします。

契約期間は、期間の定めのない無期契約（定年までを含む）と、期間の定めがある有期契約に大きく分類します。就業時間は、働く時間として職場で通常定められた一般時間と、通常より短い短時間に区分しています。

これまで雇用社会といえば、無期契約で一般時間働く正社員と、有期契約で短時間働くパートなどの非正社員に二極化しているといったイメージで語られてきました（図1）。しかし、本書を読み進めていくと、実際の雇用社会はもっと多様化が進んでいることを理解していただけると思います。有期契約でありかつ一般時間で働く人々や、反対に無期契約ながら短時間就業している人々は、けっして珍しくありません。そしてそこには、正社員と非正社員の両方が混在していることもあるのです（図2）。

本書では、これまで見過ごされてきた、いまの雇用社会に起こっている深刻な事実として、自分の契約期間がわからないまま働く期間不明の人々が多数いることも指摘します。期間不明にも、正社員と非正社員の両方が含まれますが、特に期間不明の非正社員が困難な状況におかれている実態を、データに基づいて明らかにします。

図3　望ましい雇用社会

		契約期間	
		無期契約	有期契約
就業時間	一般時間	○	○
	短時間	○	解消（例外のみ）

期間不明　解消

その上で、これから誰もが納得できる職業人生を歩んでいく上で、望ましい雇用社会の方向性を考えていきます。図3に示したように、これからは正社員か否かに過度にとらわれず、状況に応じて契約期間と就業時間をうまく組み合わせていけば、「○（マル）」と思える柔軟で安定した職業人生を切り開けることを説明します。同時に、不安定で経済的にも苦しい有期契約の短時間労働や期間不明の仕事に就く人ができるだけ少なくなるような社会を目指すことを、本書では提案していきます。

雇用は契約という観点をしっかりと自分のものにすることで、現在そして将来の働き方を考えるヒントにしていただければと思います。

第1章

「正規」の曖昧

ひとりの男性の言葉

ある講演を終えた直後のことでした。

ひとりの40代くらいの男性が、演台の近くまで歩いていらっしゃいました。何かご質問なのか、ご意見なのか。ほんの少しだけ身構えました。

「今日の話を聞いていて、やっぱり思ったのですが……」

その日は、希望というテーマで話をしていたと思います。何人かの仲間と希望学という研究を2005年から続けてきました。2000年代に入って「希望がない」「希望が持てない」という言葉をしばしば耳にするようになりました。だとすれば、どうして希望がなくなったのか。希望が持てなくなったとすれば、それは社会のありようと、どのように関係しているのか。希望と社会の関係を考えようとして始めたのが、希望学でした。

ただ、研究をするには、正直、お金もかかります。研究助成を申請したりしましたが、「希望なんて、研究になるの?」といった疑問も多かったのか、なかなか採択されません。

どうしようかと思っていた矢先、中古の本やCDなどを取り扱っていた会社の社長をされていた方とお目にかかる機会がありました。希望の研究をしたいと思っているのだけれど、苦戦していることを率直にお話しすると、その方は、こんな風におっしゃいました。

「パートさんとか、アルバイトとか、最近だとフリーターだとか、正社員でなくて、いわゆる非正社員になると、将来に希望がないなんてことが、よく言われているようですね。けれど、うちはパートさんやアルバイトさんたちの頑張りで、なんとか成り立っている会社なんです。ぜひ、非正社員でも希望が持てる社会になるような研究をしてください」

その数日後、社長さんの秘書さんから連絡があり、少なくないお金を希望学に寄付していただいたのです。10年以上も前のことですが、それから希望学の研究を続けることができたのも、その社長さんをはじめとする多くの方のご厚意があってのことと、今でも心から感謝しています。

ですので、その近づいてこられた男性も、希望についての質問をなさるのかと思ったのですが、おっしゃったのは、まったく別のことでした。

「今日の話にも出てきたけれど、自分は非正社員という言葉が、とにかくイヤなんです。非正って、なにか正しくない、悪いことでもやっているって、言いたいんですかね。言われたほうの人の気持ちとか、考えたことがあるんですか」

思いがけない意見に、私はガツンとやられたような気持ちになりました。おそらくその男性は、現在か、それとも過去かはわかりませんが、実際に正社員ではないかたちで働いてきた経験をお持ちだったのだと思います。そのとき、その男性にどのような言葉を返したのか、今も思い出すことができません。それだけ私にとっては、衝撃的な意見だったのです。

正しく非《あら》ず

自分が地道に努力してきたことに対して、それは正しくないことだ、まちがっていると言われて、うれしい人はいないでしょう。この非という言葉について、使うべきか、使うべきでないか、悩んだ経験が私にもあります。

１９９０年代後半から２０００年代初めごろにかけて、若者の就職難を表すものとして、就職氷河期という言葉が、よく使われるようになりました。若者のなかには、学校を卒業するまでの段階で正社員の内定を一社からも得られず、卒業後にも就職活動を続ける失業中の人々も増えました。さらには、いったん就職こそしたものの、自分の考えていたような仕事ではなく、入社早々に会社を辞め、別の正社員の仕事を求めて失業する若者が多数にのぼることが指摘されてきました。

いずれにせよ、その頃には、正社員として就職することが以前に比べて困難になり、パートやアルバイトなどで働く若者が急速に増えました。そのなかでフリーターという言葉も社会に定着していきます。

一方で、職を探して失業中の人たちや、アルバイトなどで働くフリーター以外にも、当時、とても気になっている若者たちがいました。こまかくなりますが、失業者とは（厳密には「完全失業者」）とは、①仕事がなくて少しも仕事をしなかった、②仕事があればすぐ就ける、③仕事を探していたり、事業を始める準備をしている、といった三つの条件をすべて満たす人のことを言います（総務省統計局「労働力調査」より）。このうち、①の無業者のなかでも、すぐには仕事に就けなかったり、仕事を探したりしていない15歳以上の人々など、失業者ではない人々がいます。その人たちを統計上は「非労働力」と呼びます。

私が２００４年に曲沼《まがぬま》美恵さんと共著で書いた『ニート　フリーターでもなく失業者でもなく』（幻冬舎）で指摘したニートは、日本語だけで表現するとすれば、「若年非労働力」ということになるでしょう。つまりは、若者であっても、労働する（働く）力が非《あら》ざる人ということです。

ニート状態の若者は、さまざまな理由や原因で、働くことがむずかしくなっています。ただ本来は、働く意欲も、働くための技能も持っているニートは多い。そんな若者を非労働力と表現することに、私は躊躇をおぼえました。そこで、当時、イギリスで着目されていた、失業者だけでなく、働くことに困難を抱えた若者全般を指す言葉であるニート（NEET: Not in Education, Employment, or Training）に着目し、そのなかでも特に働くことを断念している若者に目を向けることが大切だという思いで『ニート』という本を書きました。

もし、あの２００４年の時点で、ニートという言葉ではなく、若年非労働力という言葉を使っていたとしたら、働くことを断念している多くの若者の存在は、今も知られないままだったかもしれません。ニートという存在を指摘したことで、「そのような言葉を付けることには反対」といった、いろいろな批判も受けましたが、それでもやはり若年非労働力よりはよかったんじゃないかと、今も思っています。

「正規・非正規」とリーマン・ショック

ただそうはいっても、「非正社員」や「非正規雇用（者）」という言葉は、今では当たり前のように使われている事実があります。[1] それにしても、いつからこれらの表現を広く耳にするようになったのでしょうか。

労働時間や賃金などの問題を長く研究されてきた小倉一哉さんは、2013年に『「正社員」の研究』（日本経済新聞出版社）という本をお書きになりました。そのなかで、「正社員」という言葉が、いつ頃から広く普及してきたかを調べるべく、朝日新聞の「聞蔵Ⅱビジュアル」キーワード検索を用いて、その言葉が毎年何回ほど登場したかを記録しています。

この小倉さんのユニークな調査に倣《なら》い、1980年代半ばから最新の2016年まで、朝日新聞の記事のなかに「正社員」という言葉が何回登場するか調べてみました。あわせて「非正社員」という言葉についても、同様に求めてみました。その結果を示したのが図1-1です。

小倉さんも指摘されていることですが、1980年代、そして1990年代には、「正社員」という言葉は、実はそれほど高い頻度では登場せず、平均すれば一カ月に数件程度の記事に限られていました。「非正社員」という言葉に至っては、1996年にやっと5件の記事に登場するまで、ほとんど取り上げられることもなかったのです。図にはありませんが「非正規雇用」とい

図1-1 「正社員」「非正社員」を含む記事件数（朝日新聞「聞蔵IIビジュアル」キーワード検索）

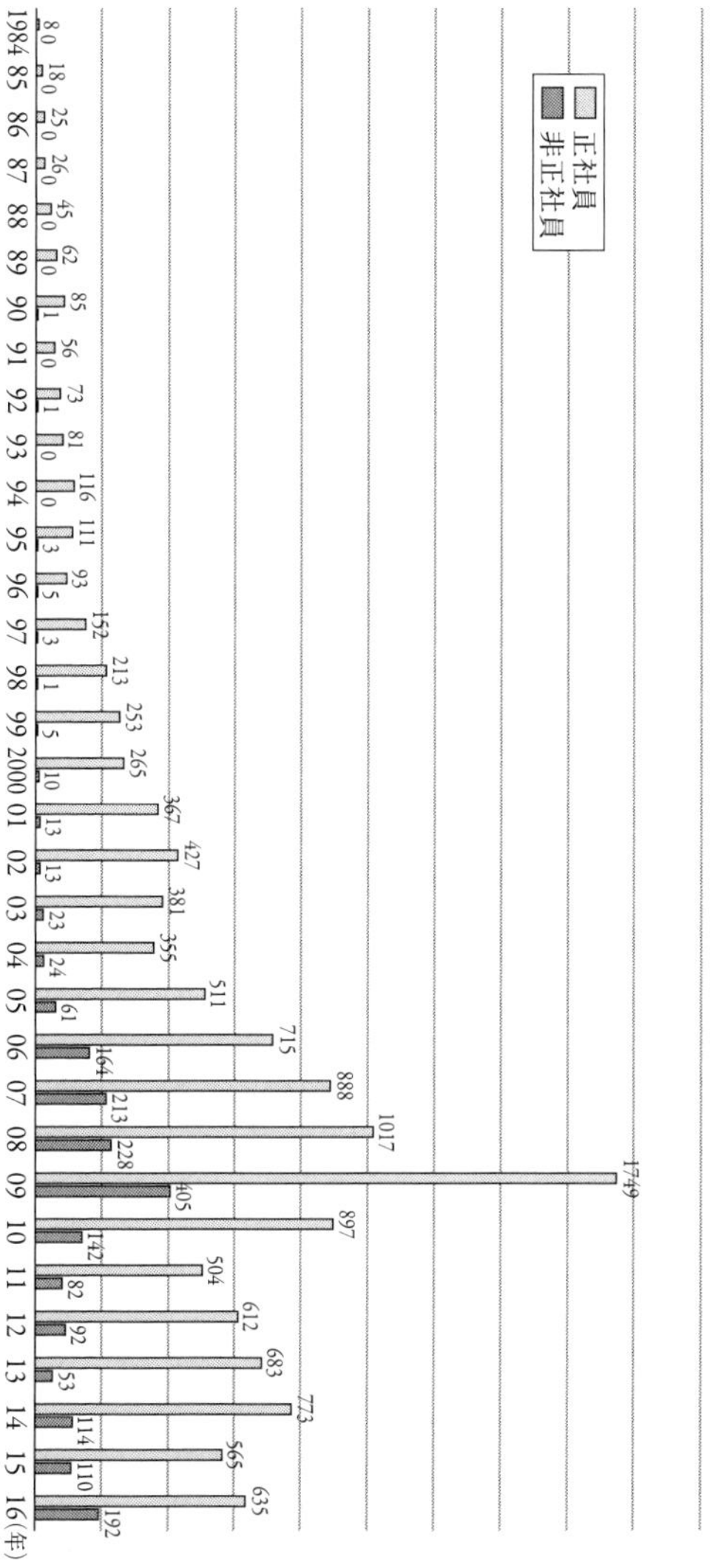

う表現も、それまで登場することはありませんでした。

　ただし、日本経済が深刻な不況のなかにあった2001年になると「正社員」という言葉が367回登場するなど、大きく増えていきます。2005年以降、登場頻度は着実に増加し、ピークに達したのが2009年でした。

　2009年は、その前年夏にリーマン・ショックと呼ばれる急激かつ大規模な世界不況が発生した翌年にあたります。2008年末に雇用契約が打ち切られ、その結果として住居を失った派遣労働者のため、正月5日まで年越し派遣村が日比谷公園に設置されたことが、翌2009年初頭に話題になりました。「非正社員」という言葉を含む記事が400件をはじめて超えたのも2009年です。この年をきっかけに正規や非正規という言葉が、一般にも広く使われるようになったと言えるでしょう。いいかえれば、正規・非正規雇用問題という言葉は、一部の専門家などを除いて、2009年まではそれほど用いられてこなかったのです。

　政府の実施する調査では、正社員や正規雇用として、「正規の職員・従業員」という表現が現在も使われています。このような表記が始まったのは1980年代の初め頃からです。非正規雇用については、今も「正規の職員・従業員以外」もしくは「非正規の職員・従業員」と記されています。私の場合、1980年代の終わりから大学院で労働問題の研究を始めたのですが、その頃、非正規雇用や非正社員といった言葉を、政府の報告書や、研究者の論文や学術書などで見かけた記憶はあまりありません。あったとすれば、もっぱら「パートタイム」や「短時間雇用者」

だったように思います。
正規や非正規という表現が注目されるようになったのは、意外とごく最近からというのが、実際なのです。

「呼称」という曖昧さ

正規・非正規の政府調査といえば、毎月行われる労働力調査と、5年ごとの就業構造基本調査が代表的です。ともに国の中枢的な統計機関である総務省統計局が実施しています。しかしいずれの調査でも、正規・非正規として調べられているのは、勤め先における「呼称」にしかすぎないことは、あまり知られていません。

もう少し具体的に説明しましょう。二つの調査はともに、調査員が世帯を訪問して回答してもらうものです。回答者のうち、雇われている人は、「正規の職員・従業員」「パート」「アルバイト」「労働者派遣事業所の派遣社員」「契約社員」「嘱託」「その他」から、職場での呼称として一番近いものを一つ選んで回答することになります。ただ、そこに「正規の職員・従業員」とは何かという説明が用意されているわけではありません。

正社員といえば、定年までといった長期の雇用が保障されている代わりに、さまざまな業務や勤務地で柔軟に働くことが求められるフルタイムの雇用者という漠然としたイメージはあるでしょう。だが、どれだけをもって「長期」というのか、どこまで「柔軟」であるべきかという明確な基準はありません。だから政府の調査でも「正規」とは何かを明示せず、あくまで職場の呼称をたずねているだけです。このように正規・非正規は厳格な区分ではなく、実のところ、職場でどう呼ばれているかという曖昧な線引きにすぎないのです。

正規・非正規の範囲を統計的に捕捉するために、多くの国では契約期間、就業時間、直接・間接雇用などの客観的な労働条件を基準としている一方、職場における呼称をその基準に採用している国は日本以外に見当たりません。

労働力調査と就業構造基本調査は、雇用者本人にたずねるものですが、雇う側にたずねる事業所調査でも、正規・非正規の区分に明確な定義は存在しない点では同じです。厚生労働省が実施している「賃金構造基本統計調査（賃金センサス）」は、雇用者を雇う事業所に対する調査であり、賃金や賞与などの状況を詳しく把握することを目的としたものです。

ただしこの賃金センサスでも、「正社員・正職員」とは、事業所で正社員、正職員とする者をいい、「正社員・正職員以外」とは、正社員・正職員に該当しない者をいうと説明されているだけです。正規・非正規の判断は、あくまで雇う側がどう考えているかにすぎず、曖昧なかたちで分類されているのは、ここでも同じなのです。

このように政府が実施する重要な統計で、正規・非正規について、呼称という曖昧な捉え方をせざるを得なかったのには、理由があります。それは、法律において正社員ならびに正規雇用者に関する規定や定義が一切存在してこなかったからです。２０１５年に施行された「労働者の職務に応じた待遇の確保等のための施策の推進に関する法律」は「同一労働同一賃金推進法」と呼ばれ、正規・非正規といった雇用形態による格差を是正するための法律といわれました。ところが、第一条から第八条まである法律の文言には、どこにも「正規雇用者」という表現は含まれていません。その代わりに使われたのが「通常の労働者」という表現だったのです。

「通常の労働者」って?

パートタイム労働法という法律があります。文字通り、パートタイム労働者に対する公正な待遇を確保し、納得して働くことができるよう、1993年に制定されました。法律では、パートタイム労働者(短時間労働者)のうち、職務内容や人材活用の仕組み(人事異動の有無や範囲)が正社員と同一であり、かつ無期労働契約である人々については、正社員との差別的待遇が禁止されてきました。

加えて2015年4月の法改正では、対象となるパートタイム労働者の範囲が拡充され、有期労働契約の場合であっても、職務内容や人材活用の仕組みが正社員と同一であれば差別は禁止となっています。その他にも法改正では、正社員との待遇が違う場合も、不合理であると認められるものであってはならないという、すべての短時間労働者を対象とした待遇の原則や、雇用管理の改善措置の説明義務や相談対応などの体制整備が事業主には義務付けられました。

このパートタイム労働法でも、成立以降、正規雇用者という言葉は一切用いられていません。

その代わりにもっぱら用いられたのが、この「通常の労働者」という表現です。短時間労働者の定義も、一週間の所定労働時間が、同一の事業所に雇用される通常の労働者の一週間の所定労働時間に比べて短い労働者として定義されています。

「通常の労働者」という表現は、社会的に明確な合意がない「正社員」概念を法律に明記するのを避けた苦肉の策でもあるのですが、いかんせん「通常」とは何かという曖昧さが、そこにはどうしても残ってしまいます。

実際、会社の人事担当者が法律に対応しようとすれば、通常の労働者とは誰のことを念頭に置けばよいのかが、とても気になるはずです。なかには、地域の労働基準監督署[2]に問い合わせる人事担当者もいたかもしれません。そこで２００７年10月１日に厚生労働省は法施行通達を出し、通常の労働者の解釈を行っています。

そこでは通常の労働者は、「正規型の労働者」もしくは「フルタイムの基幹的労働者」だと説明しています。いわゆる正規型の労働者については、「社会通念に従い、当該労働者の雇用形態、賃金体系等（例えば、労働契約の期間の定めがなく、長期雇用を前提とした待遇を受けるものであるか、賃金の主たる部分の支給形態、賞与、退職金、定期的な昇給又は昇格の有無）を総合的に勘案して判断」（傍線は筆者によるもの）するとしています。一体、この説明で納得のゆく人事担当者は、どのくらいいるのか、私には疑問です。

パートタイム労働問題を含め、雇用管理の問題に詳しい研究者である佐藤博樹さんも、「企業として、自社における「通常の労働者」を特定することは難しく、正社員や正職員に関して世間一般の共通理解が存在するわけではないのが現状」であると、課題を率直に指摘しています[3]。今後、働き方の多様化がさらに進んでいくとすれば、何をもって通常であると判断したり、通常についての基準の合意を形成するのは、ますます困難になるでしょう。

キャリアアップ助成金

このように統計や法律では正規・非正規の明確な定義が存在しないことに対し、実際の雇用政策は、どのように対応しているのでしょうか。政策では「正規雇用者」を定義したものがまったくないかといえば、そうではありません。厚生労働省は、非正社員から正社員への移行を促進すべきだという社会からの要請に応えようと、従業員の正規雇用への転換などに努力する企業を助成する政策として「キャリアアップ助成金」を設けました。

2017年4月の改正によって、助成金はそれまでの正社員化コース、人材育成コース、処遇改善コースから、八つのコースに再編されました。そのうち正社員化コースでは、有期契約の労働者等を正規に転換した場合には、転換前の契約や生産性の向上度合い、企業規模などに応じて、1人あたり一定程度の助成が事業主に対してなされます。

そのため、助成を行う上で「正規雇用労働者」の定義はどうしても必要になります。そこでキャリアアップ助成金では、正規雇用者を①無期雇用、②派遣以外、③勤務地・職務が非限定、④

通常の労働者と同一の所定労働時間、⑤長期雇用を前提とした待遇、のすべてに該当するものとしています。

　ただし、ここでも「通常」や「長期」という曖昧さが依然として残っています。加えて、勤務地・職務が非限定ということも、ポイントになります。現在、正規・非正規の二極化を解消するために、家事や介護とも両立可能な働き方として、勤務地や職務を限定した正社員である「限定正社員」、もしくは「多様な正社員」の拡充に期待が集まっています。そこで17年の改正の際には、多様な正社員への転換に対しても、正規雇用労働者と同様の助成がなされることになりました。限定正社員は正社員の一部になります。ただ一方で、先の規定が維持されている限り、多様な正社員は「正社員であるが、正規雇用労働者ではない」という、なんともわかりにくいことになってしまいます。

　やはり、雇用や働き方の多様化を進めていこうとする場合に、正規雇用という表現を使い続けることには、どうしても無理があるのです。

　キャリアアップ助成金のみならず、正規・非正規間の格差解消を求める社会の声を受けて、政府はさまざまな対策に取り組もうとしています。ただ、正規・非正規問題で心配なのは、どのような働き方をしている人を正規雇用労働者とするかを政府が決めてしまうということです。政府や国が、ある特定の働き方を正しいとし、それ以外は正しくないと決めることは、とても恐ろしいことだと思うのですが、それは考えすぎなのでしょうか。これまで法律が正規雇用を定義してこなかったのは、正規な働き方についての公的な判断を避けようとしてきた、国や行政当局によるギリギリの工夫でもあったのです。

正規・非正規という言葉は、冒頭の男性の発言にあったように、人によっては差別的なものと受け止められる可能性を含みます。しかも何をもって正規とするか、何が正規でないかは、きわめて微妙な線引きであり、安易にその判断を国が示すことには、今後も慎重であるべきだと思います。

賃金差は解消に向かうか

このように正規と非正規という区分には厳密な基準があるわけでなく、実のところ、きわめて曖昧なものです。それでもこの区分に大きな注目が集まるのは、どちらで呼ばれるかによって処遇に大きな違いが生まれる現実があるからです。

処遇の違いには、雇用の保障、能力の開発、昇進・昇格の機会など、いろいろな側面が考えられますが、やはり何といっても重要なのは、働くことから得られる収入、すなわち給与もしくは賃金ということになるでしょう。そこで、あらためて賃金の状況を、賃金センサスから確認しておきます。先にも少し触れましたが、賃金センサスでは２００５年から、事業所がみなす正社員、正職員と、そうでない社員・職員以外に分けて、賃金が毎年調べられています。

賃金のうち、毎月きまって支払われる給与は、所定の労働時間に対する所定内給与と超過労働

図1-2　正規に対する非正規の賃金割合

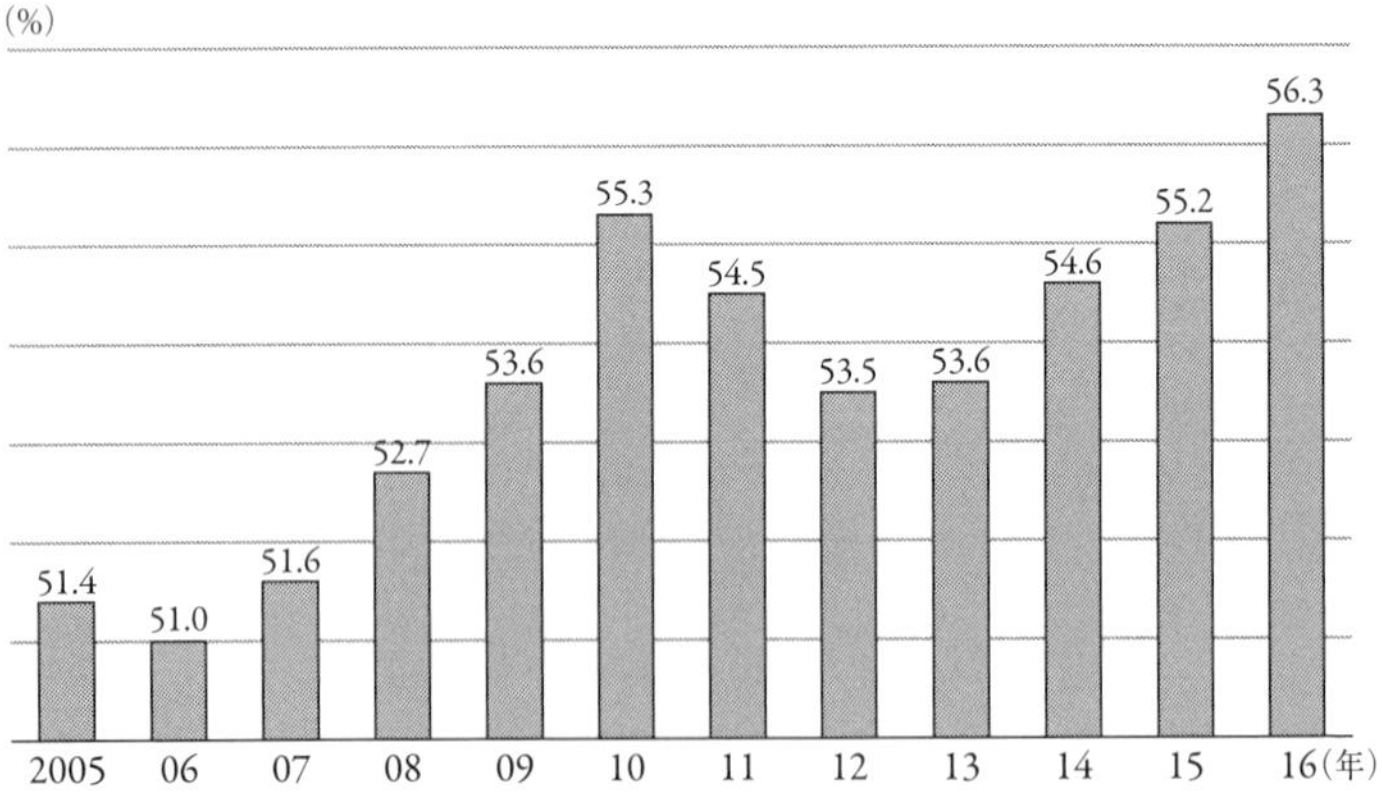

出所：厚生労働省「賃金構造基本統計調査」

時間に払われる超過手当に分けられています。また毎月の給与とは別の、年間の特別賞与など特別給与もあります。

そこで所定内給与と超過手当に、年間の特別給与の12分の１を加えて賃金総額を月収ベースで計算してみました。２０１６年では、月収ベースに換算した賃金総額が、正社員では43・９万円だったのに対し、正社員以外は24・７万円にとどまります。非正規の給与は正規の６割程度という指摘は、このような事実から来ています。

同様に、正規に対する非正規の賃金割合を、２００５年から２０１６年にかけて求めたのが、図１－２になります。

非正規の賃金割合は、２００５年以降では16年に最も高くなっています。図をみると、２００６年には非正規の賃金は正規の51・０%と、半分程度にすぎませんでした。それが２００７年から２０１０年にかけて、正規と非正規の賃金差は徐々に縮小していきました。リーマン・ショックの翌年の世界不況の影響が深刻だった2009年から東日本大震災翌年の2012年まで、両者の差は広がっていったのですが、それも2013年以降になると、ふたたび格差は縮小する傾向が続いています。

2010年以降、有効求人倍率（求人数に対する求職件数の割合）の上昇や、完全失業率（就業者と失業者の和に占める失業者の割合）の低下といったかたちで、働く環境の改善が指摘されることも多くなりました。特に有効求人倍率が1倍を超えるようになり、完全失業率が4％台を割るようになった2013年冬以降になると、人手不足という言葉を次第に耳にするようになります。人手不足は非正社員で特に深刻なことから、賃金面での恩恵は正社員よりは正社員以外のほうでより大きく受けているようです。

表1－1には、賃金の種類ごとに正社員に対する非正社員の給与比率が示されています。2013年以降、所定内給与でも、非正規の相対的な改善傾向が進み、2016年には65・8％にまで達しています。超過手当も、正社員の6割近くまで迫っています。

そのなかで課題が残っているとすれば、一つは特別賞与ということになるでしょう。ここでも若干の改善はみられるものの、それでも正社員の2割程度とかなり低い状況が続いています。賃金差の全般的な解消には、非正規に対するボーナスの極端な少なさが、大きな壁となっています。

表 1-1　賃金の種類別に見た正社員に対する非正社員の給与比率

年次	総計（月収ベース）	所定内給与	超過手当	特別賞与
2005 年	51.4	60.1	54.1	17.8
2006 年	51.0	59.9	54.2	16.8
2007 年	51.6	60.6	53.7	17.6
2008 年	52.5	61.5	55.7	18.1
2009 年	53.6	62.7	56.3	18.8
2010 年	55.3	63.6	54.7	20.6
2011 年	54.5	62.6	57.8	20.3
2012 年	53.5	62.0	58.4	17.7
2013 年	53.6	62.1	55.4	18.4
2014 年	54.6	63.0	56.2	20.2
2015 年	55.2	63.9	56.9	21.5
2016 年	56.3	65.8	59.4	19.3

出所：厚生労働省「賃金センサス」
注：総計(月収ベース)は、所定内給与と超過手当に特別賞与の12分の1を加えている。

賃金差は正当なのか

このようにボーナスなどの一部を除いて、正社員と正社員以外の賃金差は縮小されつつあります。ただ、その一方で、それでも厳然とした差が両者の間にみられるのは、なぜなのでしょうか。そしてその差は正当化できるものなのでしょうか。

非正規雇用の賃金が相対的に低い理由として、経済学がまず想定するのは「均等化差異」もしくは「補償賃金差」という考え方です。正規雇用の仕事が、非正規雇用のそれに比べて、負担や責任が重く、苦役の度合いが大きければ、より高い賃金を補償しない限り、企業は社員の確保が困難です。反対に非正規雇用は、仕事の困難度が一般には低く、自由度も高いことから、非正規労働者は安い賃金で働くことを受け入れているという説明が、均等化差異になります。

大半のケースでそれが事実だとすれば、正規と非正規の雇用に賃金差があっても、それはむしろ困難や責任の違いに見合った必要な差であって、賃金に差があるのは合理的と考えるのが、経済学、なかでも新古典派経済学と呼ばれる考え方です。

その他にも新古典派経済学者のなかには、正規・非正規雇用の賃金差は、労働者の能力の違いによるものとする意見もあります。多くの場合、正規雇用は、非正規雇用に比べ、求人にお金と時間をかけるなど、労働者の能力が厳選されて採用に至っています。それだけ正規雇用には、もともと高い能力を持つ人々が多く含まれるため、その能力に見合った高賃金が支払われていると考えるのです。これは、利潤最大化をもくろむ企業は、実質賃金を（限界）生産性[4]に応じて支払うという考えで、「限界生産性原理」と呼ばれます。

総じて新古典派経済学では、労働問題を仕事と能力を軸に考察する傾向があり、仕事や能力が違うとすれば、その結果として賃金に差があっても特に問題はないと正当化することが多いのです。

ただ、そのような面が一部にあるとしても、賃金や雇用に限らず、さまざまな面で不遇のなかにある非正規雇用者が存在している厳然たる事実はあります。その原因を「仕事が単純だから」「能力や意欲が低いから」などと、軽々に決め付けてはならないのです。

「正規・非正規」の差が仕事や能力の違いによるというのは、あくまで一つの「解釈」にすぎません。経済学では、能力を測る上で、学歴、資格、各種スコア（学業成績）等が考慮されることも多いですが、それは能力という多元的な要素のうちの「一部分」に光を当てているという自覚と慎重さが必要です。経済学に限らず、すべての学問は、人間の持つ能力や意欲、社会にある仕事の多様性を完全に理解するには未だ至っていないことを忘れてはならないでしょう。

このような指摘には、近年は個人を追跡するパネルデータの利用によって、統計的には観察不可能な能力や仕事の違いをコントロールした実証分析も可能という反論が、経済学の専門家からすぐに聞こえてきそうです。しかしパネルデータが観察不能な能力を制するには、そのような能力が時間を通じて不変、または一定の法則性を持って変動しないといった前提が成立する必要があります。

しかし、能力や意欲は、置かれた環境によって、多様かつ持続的に成長したり、ときに衰退することも、経済学者を含む多くの人々は日々実感しているはずです。人間に起こる労働面のダイナミックな変化に関する未知なる法則性の追究は、アダム・スミスの『国富論』から数えてわずか２４０年強の歴史しか有しない経済学にとっても、始まったばかりの課題なのです。

呼称から契約へ

正規と非正規の間になぜ差があるのか。その理由は、まだ完全には解明されていません。これからもさまざまなデータや手法を用いた研究が続くでしょうが、正規と非正規の賃金差が、能力や仕事の差として説明できるかどうかの最終決着は、まだまだ先のことのように思います。だからこそ、非正規の処遇が劣るのは、仕事が単純だからとか、能力が低いからなどとして、今の段階で単純に決めつけてはならないのです。

その上で、**正規や非正規といった曖昧な呼称や評価の難しい能力や仕事に代わって、より客観的な基準によって評価や処遇を語ることが重要**になります。その基準の一つが、雇用契約、特に契約期間であることを、これから本書で説明していきます。

1――以下、本書では非正社員と非正規雇用者という言葉は、特に区別することなく使用していきます。ただ、いずれについても「正しくない」働き方をする人々を意味するのでは決してなく、あくまで会社や職場で正規の職員・従業員と見なされている人々以外を指す言葉として着目していきます。

2――労働基準監督署は、労働に関する法律に基づき、賃金や雇用などの労働条件が適切に確保されているかを監督したり、労働条件や職場の安全衛生・健康管理などの指導を行う厚生労働省の全国の出先機関です。そこでは労災保険の給付などの業務も行っています。

3――佐藤博樹（２０１５）「改正パートタイム労働法と企業の人材活用の課題」『ジュリスト』１４７６号、37－41頁。

4――限界生産性とは、労働をもう一単位追加的に増やしたときに、それが付加価値の増加にどれだけ貢献するかを表すものです。

第2章

大切なのは契約期間

労働条件の明示

正規、非正規など、当たり前のように使われている言葉が、実はかなり曖昧な内容を含んでいることを見てきました。

もちろん、曖昧であること自体は、けっして悪いことばかりではありません。人間関係でもそうですが、白黒をはっきりさせることばかりに気を取られていると、かえってギクシャクしてしまったり、ときには対立をあおるかたちになって、しなくてもよいケンカにつながることもあります。あえて曖昧な余地を残しておくことは、生活の知恵の一つでもあります。

ただ、なんとなく「能力や意欲が低い」「(仕事の)責任や重要度が低い」、だから「給料は低くて当然」などと、根拠もなく曖昧に決めつけられることがあったとすれば、働いている人にとって、たまったものではありません。だからこそ、どのような状況や条件のもとで働くことになっているかをハッキリさせておくのは、働くことのなかでも最も基本的かつ重要なことなのです。

そして、その基本的かつ重要な機会を働き手に保障するためにあるのが、法律です。そのルールとして、労働基準法という法律では、次のように「労働条件の明示」が使用者に義務付けられています。

(労働条件の明示)

第15条①　使用者は、労働契約の締結に際し、労働者に対して賃金、労働時間その他の労働条件を明示しなければならない。この場合において、賃金及び労働時間に関する事項その他の厚生労働省令で定める事項については、厚生労働省令で定める方法により明示しなければならない。

ここで、「厚生労働省令で定める方法により明示しなければならない」とありますが、特に重要な労働条件については、書面での明示が求められていることをそれは意味しています。具体的には、次の事項については、文章ではっきりと示さなければならないことになっているのです。

①労働契約の期間
②有期労働契約を更新する場合の基準
③就業の場所・従事すべき業務の内容
④始業・終業時刻、所定労働時間を超える労働の有無、休憩時間、休日・休暇、交替勤務をさせる場合は就業時転換に関する事項
⑤賃金の決定、計算・支払の方法、賃金の締切り、支払の時期、昇給に関する事項
⑥退職に関する事項（解雇の事由を含む）

これらの事項については、労働契約を結ぶ際に、「労働条件通知書」に記載するかたちで明示することが義務付けられています。図2－1に示されているのは、厚生労働省が作成した労働条件通知書のひな型の一つです。**雇用されて働いているすべての人々に、このような通知書が渡されていなければならない**ことになっています。

ただし書面の明示には、適用除外もあります。常に10人以上の従業員を雇っている会社は、労働条件や服務規律[1]を定めた「就業規則」を作成し、労働基準監督署の署長に提出することが決められています。その上で、労働者を雇う際、就業規則を用いて各自の労働条件を明らかにしていれば、通知書を交付しなくても構わないとされています。

いずれにせよ、労働条件通知書、もしくは就業規則によって、労働条件が明示されていなければならないことに変わりはありません。働き始めたとき、労働条件通知書も渡されず、就業規則の説明もなかったという場合、その雇用は問題ありの要注意です。

いちばん最初に契約期間

もう一度、厚生労働省が作成した労働条件通知書を見ていただきたいと思います。このなかに「正社員」として呼ぶか否かといった事項は、まったく含まれていません。正社員・非正社員のいずれで呼ぶかは、雇用契約の対象外なのです。

明示すべき労働条件のなかには、書面でなく、口頭でもよい事項もあります。昇給、退職手当、

図 2-1　労働条件通知書（ひな型・厚生労働省作成）

（一般労働者用；常用、有期雇用型）

年　月　日 ＿＿＿＿＿＿＿＿殿 事業場名称・所在地 使用者職氏名	
契約期間	期間の定めなし、期間の定めあり（　年　月　日～　年　月　日） ※以下は、「契約期間」について「期間の定めあり」とした場合に記入 1　契約の更新の有無 ［自動的に更新する・更新する場合があり得る・契約の更新はしない・その他（　　）］ 2　契約の更新は次により判断する。 ・契約期間満了時の業務量　・勤務成績、態度　・能力 ・会社の経営状況　・従事している業務の進捗状況 ・その他（　　）
	【有期雇用特別措置法による特例の対象者の場合】 無期転換申込権が発生しない期間：　Ⅰ（高度専門）・Ⅱ（定年後の高齢者） Ⅰ　特定有期業務の開始から完了までの期間（　年　か月（上限10年）） Ⅱ　定年後引き続いて雇用されている期間
就業の場所	
従事すべき業務の内容	【有期雇用特別措置法による特例の対象者（高度専門）の場合】 ・特定有期業務（　開始日：　完了日：　）
始業、終業の時刻、休憩時間、就業時転換（(1)～(5)のうち該当するもの一つに○を付けること。）、所定時間外労働の有無に関する事項	1　始業・終業の時刻等 (1) 始業（　時　分）終業（　時　分） 【以下のような制度が労働者に適用される場合】 (2) 変形労働時間制等；（　）単位の変形労働時間制・交替制として、次の勤務時間の組み合わせによる。 ┌始業（　時　分）終業（　時　分）（適用日　） ├始業（　時　分）終業（　時　分）（適用日　） └始業（　時　分）終業（　時　分）（適用日　） (3) フレックスタイム制；始業及び終業の時刻は労働者の決定に委ねる。 （ただし、フレキシブルタイム（始業）　時　分から　時　分、 （終業）　時　分から　時　分、 コアタイム　時　分から　時　分） (4) 事業場外みなし労働時間制；始業（　時　分）終業（　時　分） (5) 裁量労働制；始業（　時　分）終業（　時　分）を基本とし、労働者の決定に委ねる。 ○詳細は、就業規則第　条～第　条、第　条～第　条、第　条～第　条 2　休憩時間（　）分 3　所定時間外労働の有無（　有　，　無　）
休日	・定例日；毎週　曜日、国民の祝日、その他（　） ・非定例日；週・月当たり　日、その他（　） ・1年単位の変形労働時間制の場合－年間　日 ○詳細は、就業規則第　条～第　条、第　条～第　条
休暇	1　年次有給休暇　6か月継続勤務した場合→　日 継続勤務6か月以内の年次有給休暇（有・無） →　か月経過で　日 時間単位年休（有・無） 2　代替休暇（有・無） 3　その他の休暇　有給（　） 無給（　） ○詳細は、就業規則第　条～第　条、第　条～第　条

賃　　金	1　基本賃金　イ　月給（　　　　　円）、ロ　日給（　　　　　円） ハ　時間給（　　　　円）、 ニ　出来高給（基本単価　　　円、保障給　　円） ホ　その他（　　　　　円） ヘ　就業規則に規定されている賃金等級等 ［　　　　　　　　　　］ 2　諸手当の額又は計算方法 イ（　　手当　　　円　／計算方法：　　　　　　　　　） ロ（　　手当　　　円　／計算方法：　　　　　　　　　） ハ（　　手当　　　円　／計算方法：　　　　　　　　　） ニ（　　手当　　　円　／計算方法：　　　　　　　　　） 3　所定時間外、休日又は深夜労働に対して支払われる割増賃金率 イ　所定時間外、法定超　月60時間以内（　　　）% 月60時間超　（　　　）% 所定超（　　　）% ロ　休日　法定休日（　　　）%、法定外休日（　　　）% ハ　深夜（　　　）% 4　賃金締切日（　　　）－毎月　日、（　　　）－毎月　日 5　賃金支払日（　　　）－毎月　日、（　　　）－毎月　日 6　賃金の支払方法（　　　　　　　　　） 7　労使協定に基づく賃金支払時の控除（無　，有（　　　）） 8　昇給（時期等　　　　　　　　　　　） 9　賞与（　有（時期、金額等　　　　　　　），　無　） 10　退職金（　有（時期、金額等　　　　　　），　無　）
退職に関する事項	1　定年制（　有　（　　歳），　無　） 2　継続雇用制度（　有（　　歳まで），　無　） 3　自己都合退職の手続（退職する　　日以上前に届け出ること） 4　解雇の事由及び手続 ［　　　　　　　　　　］ ○詳細は、就業規則第　条～第　条、第　条～第　条
そ　の　他	・社会保険の加入状況（　厚生年金　健康保険　厚生年金基金　その他（　　　　）） ・雇用保険の適用（　有　，　無　） ・その他［　　　　　　　　　　］ ※以下は、「契約期間」について「期間の定めあり」とした場合についての説明です。 　労働契約法第18条の規定により、有期労働契約（平成25年4月1日以降に開始するもの）の契約期間が通算5年を超える場合には、労働契約の期間の末日までに労働者から申込みをすることにより、当該労働契約の期間の末日の翌日から期間の定めのない労働契約に転換されます。ただし、有期雇用特別措置法による特例の対象となる場合は、この「5年」という期間は、本通知書の「契約期間」欄に明示したとおりとなります。

出所：厚生労働省「労働基準法関係主要様式」

臨時給与・賞与、食費、安全・衛生、職業訓練、災害補償・疾病扶助（業務外）、表彰・制裁、休職に関する事項などは、口頭の明示でも構わないことになっています。ただ、このなかにも正規・非正規の呼称に関する事柄は含まれていないのです。ここからも雇用のなかで、正規や非正規といった区分が、契約上は重要な意味を持ってこなかったことがわかるでしょう。

一方で、労働条件通知書のひな型でも、最初に記入欄が設けられているのは「契約期間」です。「はじめに」でもお話ししましたように、契約期間は「期間の定めなし」と「期間の定めあり」にまず分類されます。期間の定めのない労働契約は、通常、無期雇用と呼ばれます。なお、定年までの雇用契約の場合は、無期雇用に該当します。一方、期間の定めがある労働契約は有期雇用とされ、いつからいつまでの雇用であるかの具体的な日時を明示しなければなりません。

さらに有期雇用の場合には、契約の更新可能性について、前もって決めておく必要があります。更新がある場合には、その判断基準も「契約期間満了時の業務量」「勤務成績、態度」「能力」「会社の経営状況」「従事している業務の進捗状況」「その他」などによって示されることになっています。

このように**雇用の契約期間については、記録が残るように書面での明示が義務付けられている以外にも、その内容が、できるだけ曖昧にならないよう、客観的に明示することが求められています**。ここからも、賃金や働く時間などとならんで、契約期間が、いかに契約上重要視されているかが、わかるでしょう。

しかし、後に詳しく見ていくように、契約で明確に定められているはずの契約期間が、実際の職場では実に不完全なかたちでしか取り扱われていない現実があります。そしてそのことが、さまざまな雇用問題を引き起こしているのです。

契約期間に関する約束が明確にされていなかったり、約束があっても守られていない雇用契約は、契約とはとても言えないものです。残念ながら、日本の職場では、そのような契約とはとても言えないような状況で働くことが、多くの職場で今も日常化しているのです。

有期雇用の3分の1が明示義務知らず

この労働条件の明示について、２０１７年7月に驚くべき調査結果が報告されました。労働組合の全国中央組織である「連合」（正式名称は日本労働組合総連合会）は、有期雇用で働く人々の実情を知るため、２０１７年4月に全国の20歳から59歳の有期契約労働者[2]１０００名に対し、インターネットを使って調査を行いました。「有期契約労働者に関する調査報告」と題されたその報告には、労働基準法第15条（労働条件の明示）に関する質問への回答結果が含まれています。

調査では「会社は、雇う際に、労働者に対して、賃金、労働時間その他の労働条件を書面にして通知しなければいけないこと」を知っていたかどうかを、有期雇用の労働者にたずねました。その結果が、図２ - ２です。

図を見ると、書面での明示が義務付けられていることを「知っていた」のは、回答者の66・4%にとどまっていました。残りの33・6%は「知らなかった」としています。実に有期雇用のうち約3人に1人は、労働条件の書面での明示が会社に義務付けられていることを認識していないのです。

図2-2　労働基準法第15条（労働条件明示）に関する認知状況

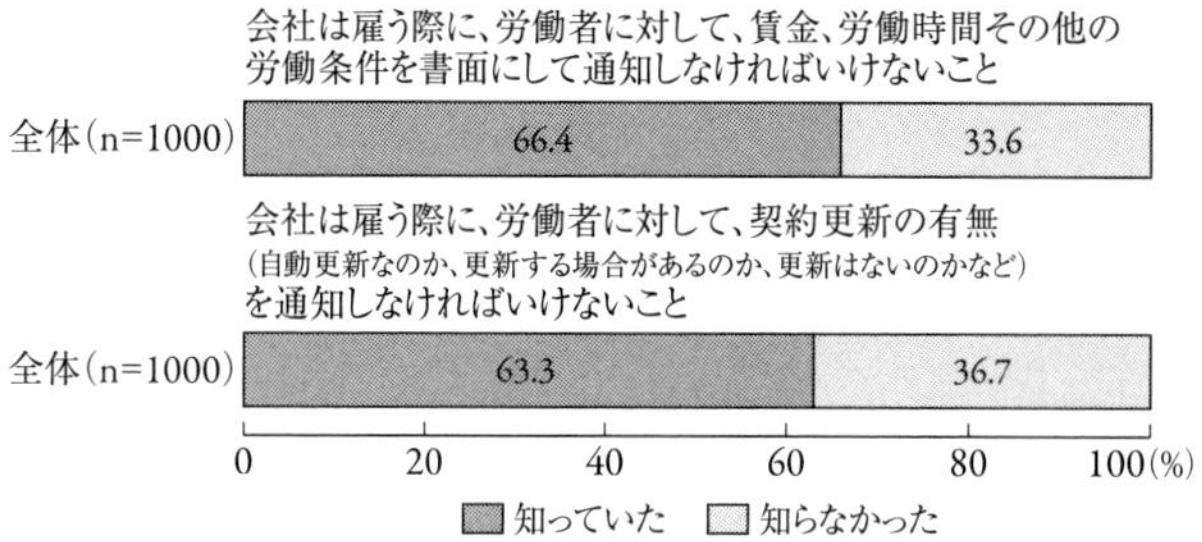

出所：連合「有期契約労働者に関する調査報告」2017年7月
注：対象は20～59歳の有期契約労働者1000名。

　さらに有期雇用の場合には、先にみたように、契約更新の可能性についても通知する必要があります。図2－2には、「会社は、（有期契約雇用者を）雇う際に、労働者に対して、契約更新の有無（自動更新なのか、更新する場合があるのか、更新はないのかなど）を通知しなければいけない」ことを知っていたかをたずねた結果も示されています。ここでも「知らなかった」が36・7%に達しており、有期雇用の4割弱は更新の可能性を知らされていないのです。

　中学生や高校生の頃、「現代社会」や「公民」といった社会に関する教科で、働くことについて習った記憶のある人もいることでしょう。そこでは、終身雇用、年功賃金、企業別組合などの「日本的雇用」の存在のほか、労働に関する法律も学んだりします。私にも、労働三法の名前を暗記するように言われた記憶があります。労働三法とは、憲法で保障された労働者の働く権利（勤労権）を定めるための法律で、労働組合法（1945年施行）、労働関係調整法（1946年）、労働基準法（1947年）のことを指します。このうち、労働基準法は、労働条件の最低基準を定めた法律として、労働者を守るための、今でも最も重要な働くことに関する法律の一つです。

しかしながら、労働基準法で定められた労働条件は必ず書面で示さなければいけないという、最低限の働くルールは、多くの有期雇用者に対して守られていないのです。

書面は4人に3人

ただし、労働条件の明示が義務であることを知らないまでも、雇用契約の際、会社の経営者や人事担当者から書面を渡されている人もいることでしょう。反対に、大学で労働法の講義を受けて、労働基準法の内容について多少なりとも知っていながら、実際に働く際には書面での明示がなくて「おかしいなあ」と思った人もいるかもしれません。

先の連合の調査では、続けて「賃金、労働時間その他の労働条件の通知」が、どのようになされていたかもたずねています。その結果が、図2－3にあります。

それによると、労働条件通知書などの文書をもらった有期契約労働者は75・4％と、4人に3人となっています。一方で、口頭でのみで伝えられた人は6・1％であり、文書でも口頭でも伝えられていない人は7・6％となっています。有期雇用者のうち、13・7％が書面での明示がなされておらず、法律違反の状況にあることになります。

その他、10・9%は「覚えていない」と回答しています。記憶にない人のなかには、書面で渡されていながらも、本人が忘れてしまっているということもあるでしょう。しかしながら、労働条件の明示という法律の趣旨が、すべての雇用者について、自分自身の労働条件を認識して働く状況を確保することにあるとすれば、10%以上もの有期雇用者が書面交付の記憶が曖昧だというのは、けっして望ましい状況とはいえません。

図2-3 労働基準法第15条(労働条件明示)の施行状況

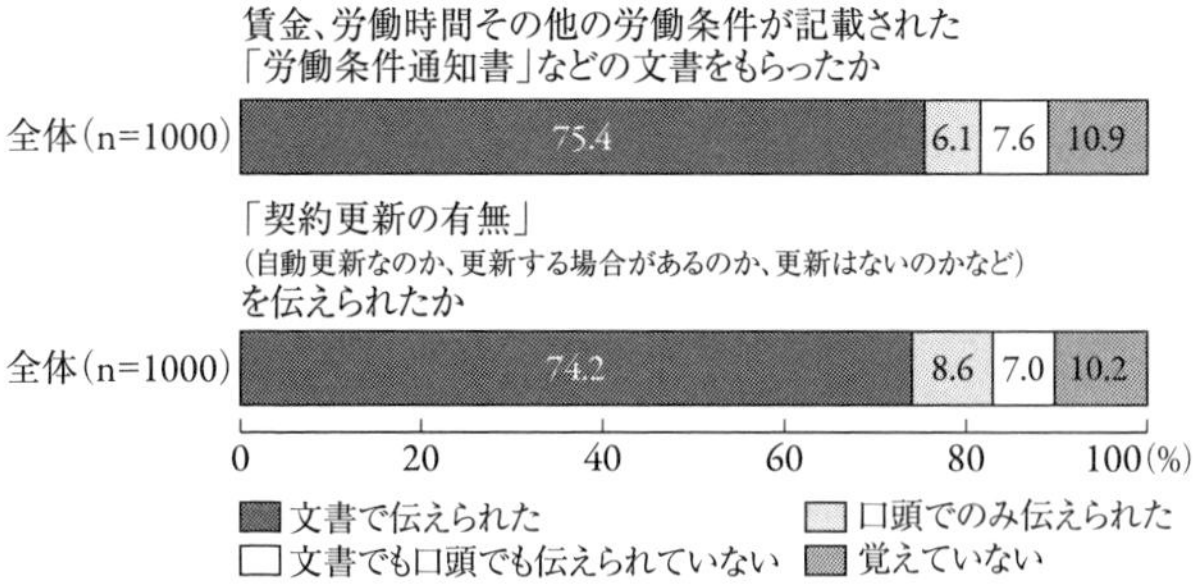

出所:連合「有期契約労働者に関する調査報告」2017年7月20日
注:対象は20～59歳の有期契約労働者1000名。

図2-3には、契約更新の有無についての伝達状況も示されています。ここでも法律で義務付けられた文書での伝達を通じて、契約更新の有無についてはっきり認識しているのは74・2%にとどまっています。それに対して8・6%が口頭のみで伝えられており、7・0%は文書でも口頭でも伝えられていません。

自分の働く将来を考えたとき、現在の契約が更新される可能性があるか否かは、有期雇用で働く人にとって、最も関心のある事がらの一つであるはずです。にもかかわらず、契約更新について、はっきりしない状況のまま働かざるを得ないのは、とても不安なことでしょう。

そのような状況が起こらないように、法律では明確な規定があるのですが、ここでも書面の提示という最も根本的なところが守られていない現実があります。本書でたびたび強調することになる「雇用契約が、本当の意味で契約になっていない」というのは、このような事態が今も根強くみられるからなのです。

契約期間の上限は原則3年

反対に、労働条件通知書などを通じて、労働条件が明確に提示されている場合には、誰もが安心して働くことができるよう、さまざまなルールが定められています。そのときにカギを握るのが、雇用契約期間に関するルールです。

繰り返しになりますが、正規や非正規という区分については、法律で明確な基準がないため、ルールを定めることが難しい状況にあります。それに対し、労働条件として客観的に示すよう定められた契約期間には、はっきりとしたルールが定められています。

まず期間の定めがある有期雇用契約を結ぶ場合、自由に期間を設定できるわけではありません。現在の法律では、有期雇用契約の上限は原則3年と定められています。

実は、この上限は、かつては1年が原則とされていました。[3] しかしながら、安定した雇用という観点からは、1年というのはあまりに短い期間です。落ち着いて一つの仕事にじっくり取り組むには、もう少し長い期間働きたいと考える労働者も少なくないはずです。さらに有期契約の場合には1年が上限であり、そうでなければ無期契約というのは、あまりもその間のギャップが大きすぎるとも考えられます。このような事情を背景に、2000年代に広がった規制緩和の機運に乗るかたちで、2004年からは有期雇用契約の一般的な上限が3年に変更されたのです。

　有期契約でも3年は落ち着いて働けるようになったというのは、労働者と使用者の双方にとって、選択肢を増やすという意味で望ましいものでした。後の章でみるように、実際に1年を超えて、3年以内の雇用契約で働いている人が少なからずいるという事実からも、その上限の拡大は、労使双方のニーズに見合っていたのでしょう。

　さらに一部の仕事については、3年を超えて、5年以内の有期契約を結ぶことも認められています。高度な専門的知識を持っている人々に新技術や新商品の開発などの仕事に取り組んでもらい、成果を上げてもらうには、1年はおろか、3年でも短すぎるという場合もあるはずです。そこで博士の学位を持っている人、公認会計士や医師などの高度な資格を持っている人、年収が高いシステムエンジニアなど、厚生労働大臣が認める専門的知識等を持つ労働者については、上限5年の有期契約も認められています。[4]

　加えて満60歳以上の人々を、年金支給開始の65歳まで雇い続ける場合にも、上限5年の有期契約を結ぶことが認められています。さらに有期の建設工事等のように、一定の事業を完了させるのに必要な期間を労働契約として認める特例[5]などもあります。

正社員への移行

このように有期雇用の契約期間の範囲が広がったことは、選択肢を増やすという面で積極的に評価できますが、一方では批判的な意見も存在しています。

そんな批判意見の一つとして、安定した雇用を保障するには、雇用は原則無期契約とすべきだというものがあります。ドイツなどの西欧諸国では、特別な理由がない限り、有期雇用契約は認められないことなどを踏まえ、有期雇用の上限を広げることは不安定雇用を助長するという意見です。

ただ、日本では正規雇用者などを無期契約で雇うと、相当の理由がない限り、不況でも人員整理のための解雇を行うことは簡単ではないという解雇権濫用法理が確立しています[6]。このような状況において、雇用は原則無期契約ということになると、企業は採用に対して慎重にならざるを得ず、結果的に雇用機会は制限され、失業者を増やすことにもつながりかねません。

２０００年代に非正規雇用が問題として大きく取り上げられるようになった頃、どうすれば非正規雇用から正規雇用へ転換することが可能であるかを、私も研究したことがあります。就業構造基本調査は、現在就いている仕事の内容に加えて、転職経験がある人には転職前の仕事についても詳しく調べています。そこでこれらの調査結果を用いて、正社員以外から正社員に転職した人について分析してみると、いくつかの特徴が浮かび上がってきました。
特徴としてはまず、大学卒・大学院卒など高学歴の非正社員や、看護師など医療・福祉分野に従事する非正社員ほど、転職後に正社員になりやすい傾向がみられました。ただ、それにも増して重要な事実として、非正社員の仕事を1年程度で辞めた人に比べて、2年から5年程度継続して働いてきた人のほうが、転職後に正社員になりやすい傾向がありました。[7]

非正社員の仕事でも、1年目は馴れるのに精一杯で、楽しいことよりも苦しいことのほうが多いものです。それが2年目くらいになると、要領も少しずつつかめるようになり、仕事も以前よりはラクになってきたりします。さらに3年から5年くらいじっくり取り組んでいると、経験を積んで仕事に自信もつき、責任感も高まり、結果的にやりがいも感じられるようになります。

転職しようとすれば、面接を受けることになりますが、そこではどんな仕事をしてきたのかが必ず質問されます。そのとき1年程度の短期間しか仕事に取り組んだ経験がないと、過去の仕事ぶりをアピールすることもできません。それが一定期間落ち着いて仕事に取り組んできた経験があれば「こういうことを自分なりに一所懸命やってきた」と語れるだけの内容もできます。そういう人には、これまでの仕事ぶりが評価され、正社員となる機会も広がっていくのです。

また正社員として採用する場合には、無期契約などの長期の雇用を多くの会社は期待しています。それが履歴書をみると、短期間で転職を繰り返しているような場合、本当に長期間働いてくれるのかと、採用する側も心配になります。その結果として、短期間の有期雇用の経験しか持たない人は、なかなか正社員にはなりにくい面もあるのです。[8]

このような無期雇用の正社員への転換を広げていくためにも、**有期雇用であったとしても、3年といった一定期間に、じっくりと落ち着いて働ける経験が持てることは、とても重要なこと**だと思います。

有期雇用は解雇できる？

有期雇用であっても、一定期間は落ち着いて働ける環境が整備されてきた一方で、労働者を有期で雇う側が少なからず誤解をしていることがあります。それは、無期契約の正社員の場合には、いったん雇うと簡単には解雇ができないのに対して、有期契約の非正社員は会社の判断や都合によって自由に解雇することができるというものです。

労働契約法という法律には、契約期間中の解雇について、以下のように記されています。

（契約期間中の解雇）
第17条① 使用者は、期間の定めのある労働契約について、やむを得ない事由がある場合でなければ、その契約期間が満了するまでの間において、労働者を解雇することができない。

テレビのドラマや映画などで、有期契約と思われるパートやアルバイトで働いている人が、仕事で失敗などをしたために経営者の逆鱗に触れ、「お前はクビだ！」と一喝され、突然に仕事を失ってしまうといった場面を見かけることがあります。しかし、これは先の労働契約法に従えば、有期労働契約者の途中解雇であり、法律違反なのです。

特にこの法律では、「やむを得ない事由」、つまり有期契約の終了を待てないほどの特別な事情の存在が、解雇を認めるための不可欠な条件となっているなど、有期雇用者の解雇は、法律上は簡単には認められていません。

有期契約の途中解約は、雇う側に認められないだけでなく、労働者にも本来はやむを得ない事由がない限り、認められないものです。有期で採用された直後に「仕事がイヤになったから」「面白くないから」といった個人的な理由によって辞めた場合、雇う側から契約違反を問われても仕方ありません。ただし、1年を超えて働いている労働者が退職を申し出たときには、労働者の身分を不当に拘束してはならないという理由で退職が法律的にも認められています。

いずれにせよ、**非正規の有期雇用は、いつでも自由に解雇できる（される）というのは、まったくの誤解である**ということを、多くの方々に知ってほしいと思います。

有期雇用の雇止め

法律上は有期雇用者を簡単には解雇できないとなると、別のかたちで労働者に不利な状況が生まれることも懸念されます。その懸念の一つは、解雇が途中でできないために、有期雇用契約をできるだけ短くし、それを反復更新することで、いつでも契約が終了できるようにすることでしょう。このようなことが広く認められてしまうと、有期契約年数の上限拡大とは裏腹に、かえって雇用が不安定化してしまうおそれがあります。

そこで先の労働契約法では「使用者は、有期労働契約について、その有期労働契約により労働者を使用する目的に照らして、必要以上に短い期間を定めることにより、その有期労働契約を反復して更新することのないよう配慮しなければならない」と記されています。

このことは、いいかえれば、目的に照らして必要かつ適切な期間が設定されているのであれば、契約期間の満了をもって雇用を終了できることを意味します。このことは「雇止め《やといど》」といわれます。契約の更新を拒否し、雇止めを行うことは、使用者に認められた権利です。

ただし、雇止めについても一定のルールが課されています。まず先にみたとおり、有期契約の締結の際には、期間満了時に更新の可能性があるか否か、ある場合の基準は何かを前もって明確にしておく必要があります。変更があった場合には、すみやかに労働者に通知することも必要です。

また更新があるとした上で、有期労働契約を3回以上更新していたり、1年を超えて継続雇用している労働者を雇止めにする場合には、少なくとも30日前までに予告をしなければなりません。一方で、それらの労働者について、雇止めでなく契約更新する場合には、契約の実態と労働者の希望に応じて、契約期間をできるだけ長くするように努力しなければならない、とされています。

さらに有期雇用の雇止めそのものが制限される場合もあります。たとえば過去に反復更新された有期労働契約で、その雇止めがなされたとき、それが社会通念上、無期労働契約の解雇と実質的に同じとみなされる場合には認められません。また、労働者が有期の契約期間の満了時に、その契約が更新されるものと期待することについて、合理的な理由があると判断できる場合にも、同じように雇止めが認められないことになります。これらのケースでは、労働者が契約の更新を申し出ることによって、働き続ける道が開かれています。

このように有期契約についても、その雇用をできるだけ安定させるよう、法律ではきめ細かなルールが設けられているのです。

有期から無期への転換

有期契約には、雇用を守るためのいろいろなルールがありますが、それでもより安定した働き方を実現するために、無期契約を結びたいと思う人もやはりいるはずです。そのような希望を持つ有期雇用の人々にとって、きわめて重要な法律の改正が２０１３年４月１日から施行されています。それは有期契約の無期契約への転換に関する改正です。

それは、**同じ使用者との間で結ばれた有期契約が、通算して5年を超えて繰り返し更新された場合には、労働者が申し込むことで無期契約に転換されるというルール**です。このルールは、労働契約法18条によって定められ、有期契約につきまとう雇止めの不安を解消し、長く働いている人の雇用の安定を実現することを目的としたものです。

そんな**無期転換ルールは、法改正が施行された2013年4月1日以降に開始した有期契約に適用されています。そのため、2018年4月1日からは、このルールにしたがって無期雇用への転換の申し込みをする権利を認められた有期雇用者が登場することになります。**

図2－4には、契約期間の年数ごとに無期転換の例が示されています。いずれも厚生労働省が作成したものです。このルールによって、有期雇用から無期雇用に転換する労働者が、実際にどれだけ生まれるかが注目されています。

無期転換ルールが法律によって定められた直後、大学関係者から反対の声が少なからず上がりました。大学の研究は、必要な予算を獲得するため、国からの研究助成金や企業などからの寄付金を獲得して進められるのが一般的です。研究申請は、一定の期間を設定し、その期間内に何をどこまでやるのかを具体的に示すことが求められます。大学でも理系などを中心に、5年を超えて10年程度の研究期間を設定し、研究プロジェクトを進めることも珍しくありません。そして無事予算が獲得されれば、その期間に限定して有期雇用の研究者を採用し、プロジェクトの研究任務に就いてもらい、成果を上げてもらうことになります。

そのとき、5年を超えて雇う有期雇用者を無期雇用に転換しなければならないとなると、プロジェクト終了後にもずっと雇い続けなければならなくなります。そうなると、今度は別のプロジェクトを始めるために必要な人材を新たに採用できなくなるなど、多くのトラブルや弊害が発生

図 2-4　有期契約から無期契約への転換

Ⅰ　無期労働契約への転換（第18条）

同一の使用者との間で、有期労働契約が通算で5年を超えて繰り返し更新された場合は、労働者の申込みにより、無期労働契約に転換します。

このルールは、有期労働契約の濫用的な利用を抑制し、労働者の雇用の安定を図ることを目的としています。

※　通算契約期間のカウントは、平成25年4月1日以後に開始する有期労働契約が対象です。
平成25年3月31日以前に開始した有期労働契約は、通算契約期間に含めません。

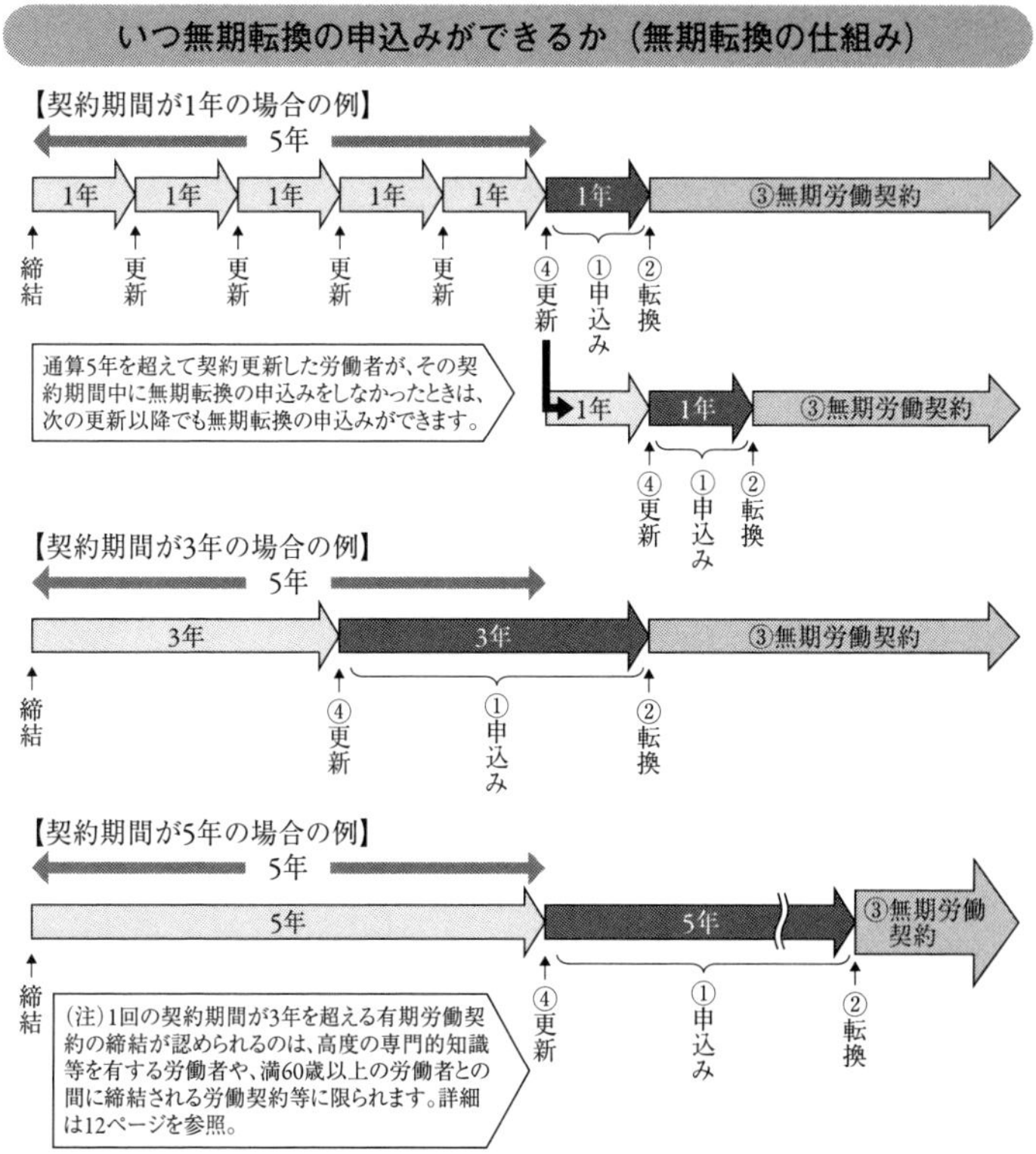

出所：厚生労働省ホームページより作成。

することが予想され、多くの反対の声が上がることになったのです。

このような意見を踏まえ、研究者、教員を有期契約で採用する場合の特例が２０１４年より施行されています。具体的には、大学や研究開発法人、試験研究機関などが、教員、研究者、技術者、リサーチ・アドミニストレーター等[9]を有期契約で採用する場合、無期契約に転換する期間が5年から10年に延長されることになりました。これは、任期付きの研究員が一定期間安心して研究に打ち込むことを保障し、5年の期間を超える研究プロジェクトを円滑に行う上では、どうしても必要な措置だと言えるでしょう。

さらに２０１５年からは有期雇用特別措置法が施行され、高度専門職に関する無期転換の特例措置も設けられています。有期プロジェクト等を行うために高収入の高度専門職[10]を有期契約によって雇う場合、法律では無期契約に転換する期間の上限を10年までとする特例措置が認められています。定年後に継続雇用される高齢者を嘱託社員などで有期雇用する場合にも、無期転換ルールは適用しないことも、同じく特例として認められました。この措置によって高齢者が元気であれば、いつまでも有期雇用として働き続けることが可能となっています。

にもかかわらず、このような無期転換ルールならびに特例措置の存在について、有期雇用契約の人々の間では、必ずしも十分には知られていません。先に取り上げた連合実施の有期契約労働者に関する調査では、無期転換ルールを含む２０１３年4月施行の改正労働契約法をどのくらい知っているかが調べられています。そのうち、無期転換ルールの認知状況を示したのが、図２−

図 2-5　無期雇用転換ルールの認知について

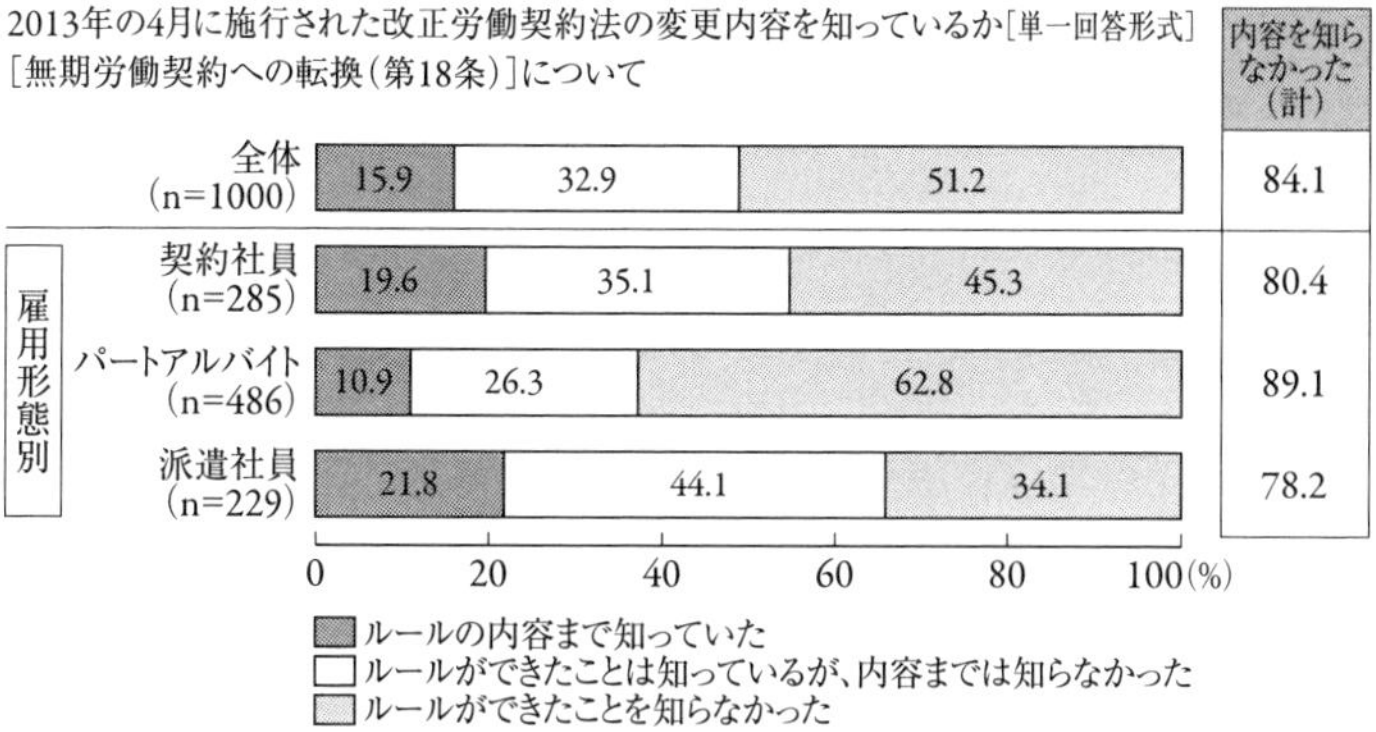

出所：連合「有期契約労働者に関する調査報告」2017 年 7 月
注：対象は 20 ～ 59 歳の有期契約労働者 1000 名。

5になります。

結果をみると、「ルールができたことは知っているが、内容まで知らなかった」が32・9%、「ルールができたことを知らなかった」が51・2%と、実に84・1%が転換ルールについて十分な認識を持っていないことがわかります。雇用形態別にみると、パートやアルバイトで働いている有期雇用者ほど知らない場合が多く、「ルールの内容まで知っていた」というのは10・9%にすぎませんでした。

有期契約で働く人の将来の雇用を安定的なものとするためには、このように認識が不十分な状況を改善し、誰もが正しくルールを知っているようにすることが何より大切です。

派遣社員の雇用安定措置

有期雇用の人々のなかには、派遣社員として働く場合も増えています。派遣社員とは、国によって許可された人材派遣事業を行う派遣会社と雇用契約を結んでおり、その指示にしたがって、特定の派遣先の組織で働く人々のことを言います。2016年の労働力調査によれば、133万人の人々が、労働者派遣事業所の派遣社員として働いています。

この派遣社員についても、派遣会社との雇用契約期間に基づいた雇用安定措置が、2015年の労働者派遣法改正によって実施されています。改正では、同じ派遣社員を、派遣先の事業所の同一の組織単位（課やグループなど）に派遣できるのは、3年が限度と定められることになりました。その上で、同一組織に3年間継続して働く見込みの派遣社員が、さらに継続して就業することを希望した場合、次の四つの雇用安定措置のいずれかを取ることが、派遣元の企業に義務付けられました。

その四つとは、①派遣先への直接雇用の依頼、②新たな派遣先の提供[11]、③派遣元事業主による無期雇用、④その他の雇用安定を図るために必要な措置[12]、とされています。

このような改正には、派遣という働き方を固定化するという批判があります。ただし、これらの措置によって、同一の組織への派遣を継続するため、派遣元での契約が無期雇用に転換されるなど、雇用の安定性を増す専門職が増える可能性もあります。3年継続して働く派遣社員にとって、通常の有期雇用の5年よりも早いタイミングで無期雇用に転換する道が開かれたことも、大きかったといえるでしょう[13]。

契約期間にもっと関心を

本章で見てきたように、雇用安定に向けた日本の法律や制度は、正社員とそれ以外といった曖昧な呼称ではなく、雇用契約の期間や年数といった客観的な基準に基づきながら、精緻に設計されてきました。法律では、正社員と呼ぶか否かに規定はありませんが、契約期間については、無期か、有期か、有期であれば更新は可能かなどを、契約をする時点で明確にすることが求められています。**安定した働き方を実現するには、自分自身の契約期間がどのようになっているかが、きわめて重要なポイント**になってきます。

法律や制度では、契約期間の明示や、有期雇用から無期雇用への転換などについてきちんとしたルールがあるのですが、実はそのようなルールをよく知らないまま働いている人たちが多数にのぼるというのが、残念ながら日本の雇用社会の実情なのです。

本当ならば安定した働き方を選ぶ権利を持っていながらも、知らないまま不安定なかたちで働き続けている人も少なくありません。非正規雇用は、いつでも自由に解雇できるといった誤解が根強く広がっているのも、契約期間に基づく雇用のルールがよく知られていないことが一因になっていると考えられます。

どのようなかたちであれ、働いているのなら誰であれ、自分の雇用契約、特に契約期間についてもっと関心を持っていただきたいと思います。有期雇用でも、長い期間働き続けている人には、安定した無期雇用に転換する環境が整備されています。
自分の雇用契約や契約期間について、よくわからない人、会社から説明を受けていない人、文書で通知されていない人は、どのようにすればよいのでしょうか。その点は、本書の最後に説明します。

1――従業員が守るべき義務やルールのこと。
2――正確には週20時間以上、民間企業で働いている有期契約労働者。
3――労働基準法ではかつて有期契約の上限を1年としていましたが、1998年の改正により例外として3年も認められるようになり、さらに2003年の改正で3年に延長されました。そのため2004年1月1日以降の労働契約では、契約期間を3年以内とすることができるようになりました。
4――厚生労働大臣が定める基準に該当する専門的知識等を有する人とは、次の①から⑦のいずれかに該当する人たちを言います。①博士の学位を有する者、②公認会計士、医師、歯科医師、獣医師、弁護士、一級建築士、税理士、薬剤師、社会保険労務士、不動産鑑定士、技術士又は弁理士のいずれかの資格を有する者、③システムアナリスト試験又はアクチュアリー試験に合格している者、④特許法に規定する特許発明者、意匠法に規定する意匠登録を創作した者又は種苗法に規定する登録品種を育成した者、⑤大学卒で実務経験5年以上、短大・高専卒で実務経験6年以上又は高卒で実務経験7年以上の農林水産業の技術者、鉱工業の技術者、機械・電気技術者、土木・建築技術者、システムエンジニア又はデザイナーで、年収が1075万円以上の者、⑥システムエンジニアとしての実務経験5年以上を有するシステムコンサルタントで、年収が1075万円以上の者、⑦国等によりその有する知識、技術、経験が優れたものであると認定され、上記①から⑥までに掲げる者に準ずるものとして厚生労働基準局長が認める者です。
5――技術者をダムの建設完了予定の7年間有期雇用するといった場合などが、この特例に当てはまります。
6――整理解雇が可能となるには、①経営上の「人員整理の必要性」が認められること、②新規採用の抑制や希望退職、配置転換・出向などの「解雇回避努力義務の履行」が事前になされていること、③解雇の人選が合理的であり、公平であるという「被解雇者選定の合理性」が確保され、④労働者への説明・協議、納得を得るための手順が踏まれている「手続きの妥当性」の4要件がいずれも満たされていなければならず、その一つでも欠けていれば解雇は無効というのが、解雇権濫用法理です。

7――詳しくは玄田有史「前職が非正社員だった離職者の正社員への移行について」『日本労働研究雑誌』(580号、2008年11月、61－77頁)。

8――経済学では、このような状況を継続経験年数が示す「シグナリング効果」と呼ぶことがあります。

9――その内容を定めた「研究開発システムの改革の推進等による研究開発能力の強化及び研究開発等の効率的推進等に関する法律及び大学の教員等の任期に関する法律の一部を改正する法律」は2013年12月13日に公布され、翌年4月1日に施行されました。リサーチ・アドミニストレーターとは、大学や研究機関などで研究活動のマネージメントを行う専門的な人材を指します。なお大学院生、大学生として在学中に、リサーチ・アシスタント(RA)やティーチング・アシスタント(TA)として雇用されていた期間は、通算契約期間にはカウントされないこととなっています。

10――この際、1年当たりの賃金が1075万円以上の見込みであることが高収入の基準とされています。

11――ただし、新たな派遣先は、派遣社員の能力や経験等に照らして合理的なものでなければならないとされています。

12――正社員や契約社員等としての将来雇用を目指した派遣である「紹介予定派遣」や、就職に直結する資格の取得ができる教育訓練などが、これにあたるとされています。

13――さらに雇用安定措置は、派遣元にとって、3年継続の派遣社員については義務付けられましたが、3年未満であっても1年以上の継続勤務が見込まれる社員に対しても努力義務が課されています。

第3章

多様化する契約

臨時雇《やとい》・日雇《ひやとい》問題

第2章では、法律や政策において雇用の安定を議論する際、その中心となってきたのは、正規や非正規といった呼称ではなく、契約期間という明確な基準だったことを見ました。

雇用に関する法律や、政策の立案・実行の中心となる行政組織である厚生労働省には、業務の内容に応じて複数の部局が設けられています。そのなかに「(非)正規」といった名称をうたった部局は、実のところ、存在していません。雇用の安定に関する政策にかかわる部局は、雇用環境・均等局の内部組織である「有期・短時間労働課」ということになります。

厚生労働省のホームページでは、有期・短時間労働課の業務内容は「期間の定めのある労働契約を締結している労働者と期間の定めのない労働契約を締結している労働者との均衡のとれた待遇の確保に関すること」「短時間労働者の福祉を増進すること」と記されています。厚生労働省は2017年7月に大規模な部局改編がなされ、組織の名称も少なからず変更となりました。変更前の雇用安定に関する部局名は「派遣・有期労働対策部」で、一貫して有期労働が政策の中心であり続けてきたのです。

では、有期契約で働く労働者として、これまでどのような人々が特に注目され、雇用安定のための政策の対象となってきたのでしょうか。それは「臨時雇」もしくは「日雇」として短期の有期契約で働く人々でした。

総務省統計局が国民の働く状況を毎月調査している労働力調査によれば、臨時雇は「1か月以上1年以内の期間を定めて雇われている者」と定義されています。以前は有期契約の雇用期間の上限は原則1年に設定されていたと説明しましたが、1年契約で雇用されている人々は、まさに臨時雇ということになります。

一方、日雇とは、労働力調査によれば「日々又は1か月未満の契約で雇われている者」とされています。雇用保険に関する法律でも、ほぼ同じ定義がなされていますが、港湾関係の仕事をしている2カ月以内の契約期間で働く労働者も日雇に含まれることがあります。

臨時雇の場合には、1年後に契約が更新されない場合もあるなど、不安定な状況におかれやすい状況にあります。更新がないことが事前に決まっていれば、働き続けることを望む人は、来年にはまた新しい仕事を探す努力をしなければなりません。また1年という短い期間では、じっくりと腰をすえて仕事に取り組んだり、仕事を通じて新しい技能を身につけるのは、得てして難しいものです。

さらに日雇の場合には、来月ときには明日の仕事の保障すらないのです。雇用者のなかで、最も不安定な働き方をしているのは、なんといっても日雇の労働者といっても過言ではありません。そのため、日雇で働く人が失業した場合には、その極度の不安定さに配慮して日雇専用の失業給付も設けられています。そのために日雇労働者はハローワークにおいて、日雇で働いていることを証明する「日雇労働被保険者手帳（日雇手帳）」を交付してもらう必要があります。ただ、日雇労働者にとっては、給付を受けるためには自分からいろいろな手続きを忘れずにハローワークで行うことが求められるなど、日雇は不安定であるだけでなく、労働者にとって負担の大きい働き方でもあります。

臨時雇の増加、日雇の減少

臨時雇と日雇は、以前からずっと雇用安定の議論の中心にあったため、古くから統計が整備されています。労働力調査の長期時系列データでも、日雇については1953（昭和28）年から、臨時雇については1959（昭和34）年から、全国の就業者数が毎年把握され続けています。ちなみに「正規の職員・従業員」と「非正規の職員・従業員」に関する毎年の就業者数の公表が開始されたのは2002（平成14）年からと、比較的最近です。[1]

そこで図3－1には、臨時雇、日雇の両方の把握が開始された1959年から、調査方法の変更があった前年の2012年までの、それぞれの就業者数の推移を示してみました。

1959年には臨時雇として128万人が働いていました。[2]その後も臨時雇は着実に増加を続け、第一次石油危機の起こった1973年には194万人と、200万人目前まで迫ります。73年以降、日本経済は高度成長の時代を終え、完全失業率も上昇していくのですが、臨時雇に関しては、むしろ以前よりもさらに増加のペースに拍車がかかりました。先の経済見通しが立たないなか、当面の仕事を1年以内の契約の臨時雇でしのいでいこうとする意思を持つ人々が、多くの

図 3-1　臨時雇・日雇労働者数の推移（万人）

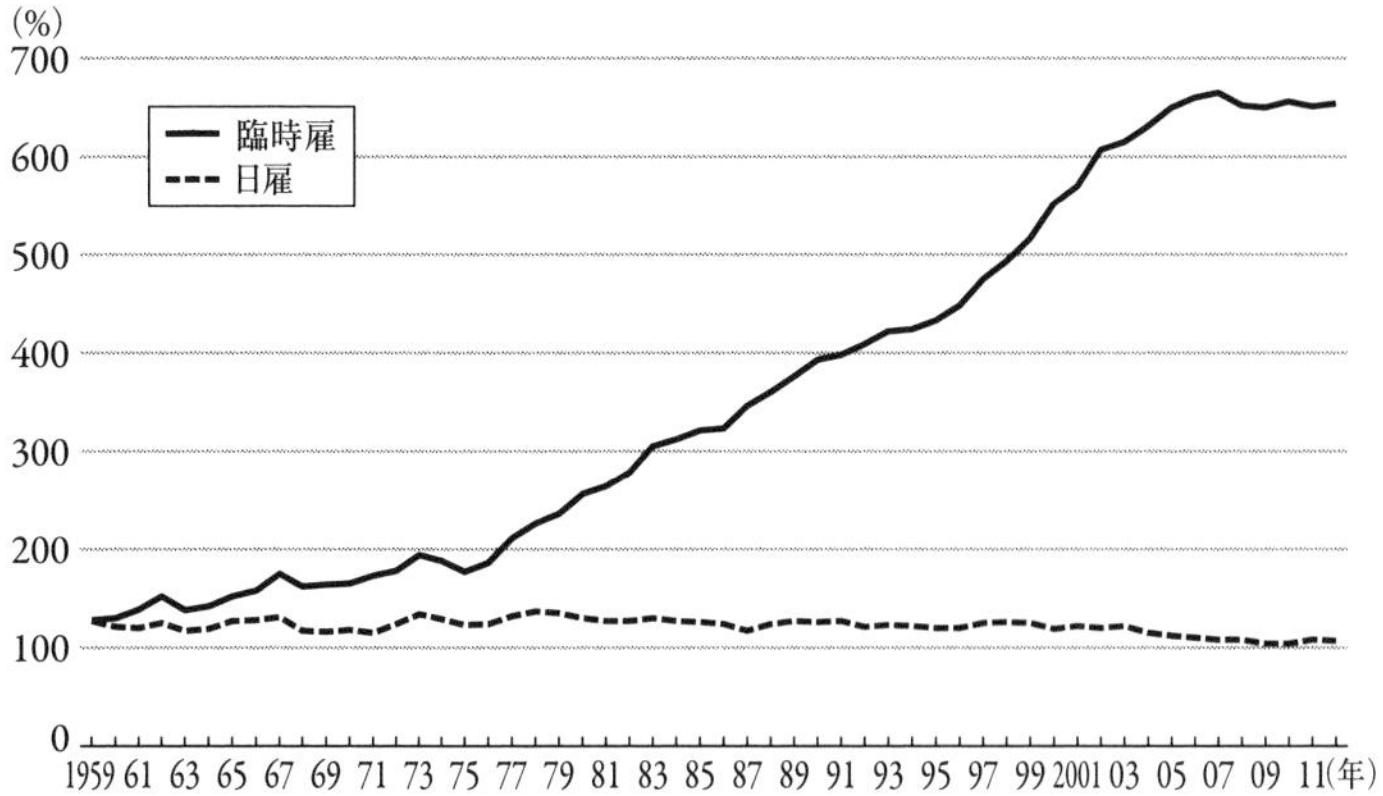

出所：総務省統計局「労働力調査」

企業で働いていたのかもしれません。このように無期雇用で働くことを本来望みつつも、失業が増え、安定した仕事に就くのが困難なため、臨時雇によってなんとか生計を立ててきた人々も少なくありませんでした。

その後、臨時雇は１９８０年代、90年代にも拡大を続けます。日本的雇用の特徴として、「終身雇用（life-time employment）」という言葉が海外にも紹介され、定年までの雇用が保障された無期雇用の広がりが伝えられてきました。しかし実際には、その一方で、多くの臨時雇が、日本の工場や職場を支えていたのです。

ただ、増加を続けてきた臨時雇の就業者数も、２００８年以降、頭打ち状態となっていきます。その直接的なきっかけとなったのが、世界金融不況と呼ばれた、いわゆる「リーマン・ショック」でした。突然かつ大規模な不況に直面し、多くの企業は派遣

図3-2　臨時雇・日雇の雇用者全体に占める比率

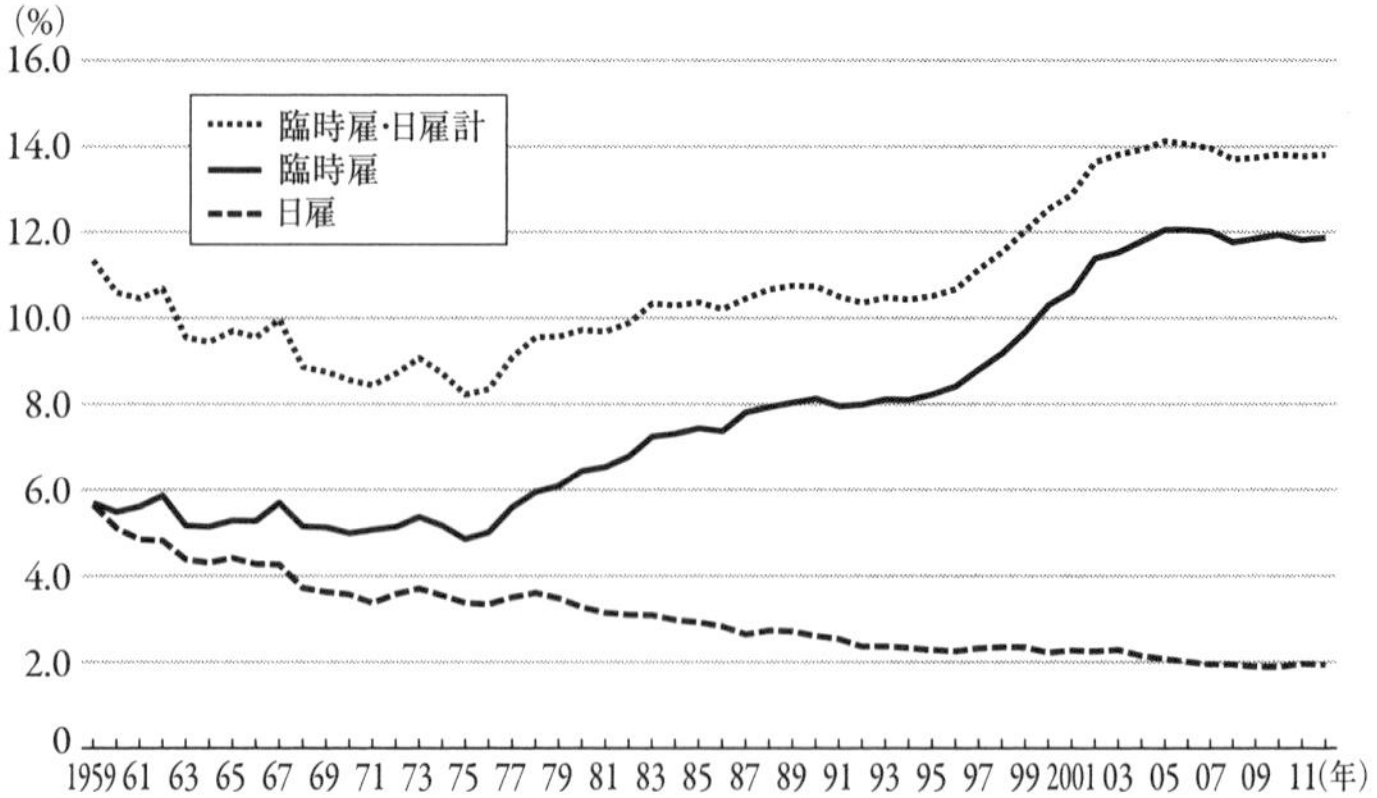

出所：総務省統計局「労働力調査」

社員を含む1年契約の臨時雇の契約を打ち切ることによって、人件費の抑制をしようとした結果、このような状況が生み出されました。今後も突然の不況が起こった場合には、まず臨時雇の雇用が打ち切られることになるでしょう。第1章で触れた、2009年以後の「非正社員」という言葉の広がりも、非正規の派遣労働者だった大量の臨時雇の契約終了を意味していたというのが、実際でした。

図3－1をふたたびみてみます。日雇は、1959年に臨時雇とほぼ同数の128万人に達していました。日雇労働者数のその後の推移をみると、多少の変動こそあるものの、長期にわたって一貫してほぼ横ばいとなっており、2012年までずっと100万人台を続けてきました。

図3－2は、図3－1と同じ期間について、雇用者全体に占める臨時雇と日雇の割合の推移を示したものです。臨時雇については図3－1でみた絶対数

だけでなく、雇用者に占める割合も拡大しています。高度成長期には6％に満たなかった割合が、2012年には11・9％と2倍以上の伸びとなっています。

図3-3　雇用者に占める非正規雇用の比率

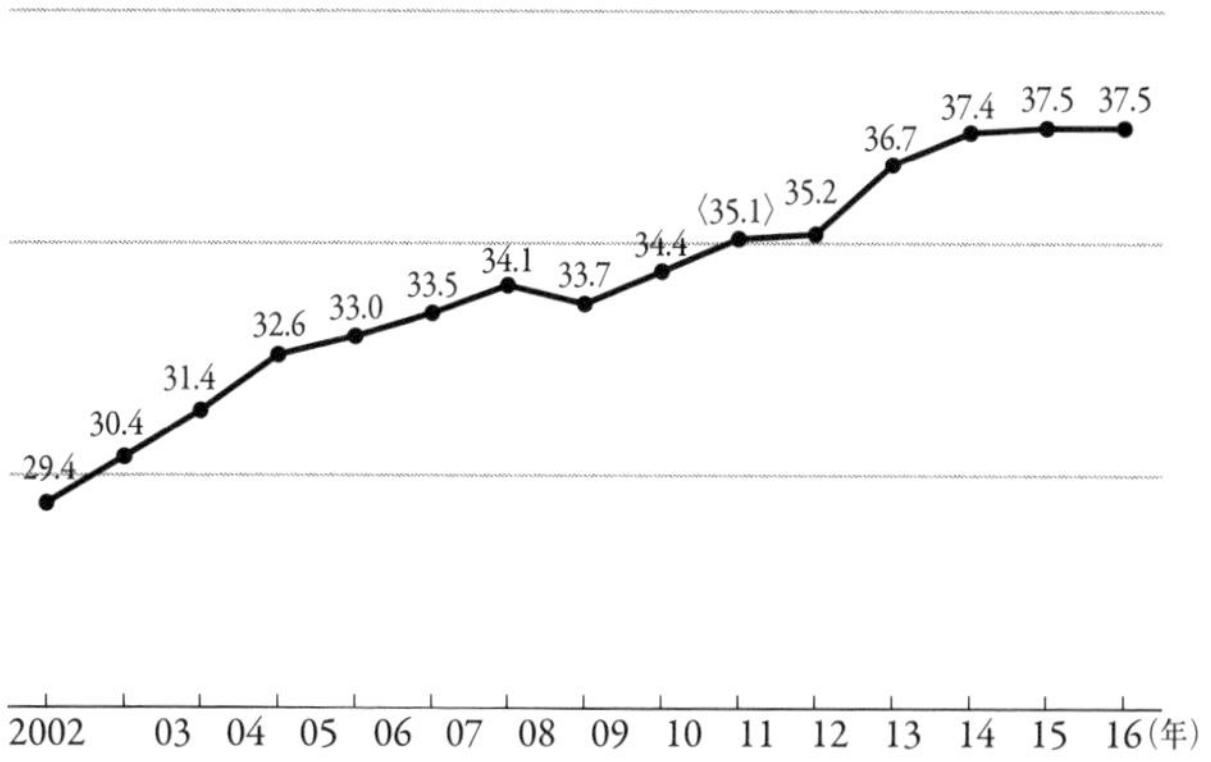

出所：総務省統計局「労働力調査」

一方、雇用者に占める日雇の割合は、低下傾向がみられます。2000年代後半には2％を割る年もありました。日雇の就業者数がほぼ一定なのに、割合が低下したのは、いうまでもなく臨時雇以外の雇用者が増えたからです。

このように臨時雇と日雇では、長期的には対照的な推移を示しています。雇用の不安定が特に深刻な日雇が減り、日雇よりは相対的に安定している臨時雇が増えてきたことは、最も苦しい働き方が少しずつ解消に向かっているという意味では、ある程度評価できることかもしれません。

ただし、臨時雇と日雇を合わせた全体の不安定雇用の割合は、臨時雇の大幅増加の影響を受けて、2000年代半ば以降、14％前後と高水準が維持されていることも忘れてはならないでしょう。ちなみに図3－3には、同じ労働力調査から、雇用者に占める「非正規の職員・従業員」の比率を示しています。2000年代前半に3割程度だった非正規雇用の比率はその後上昇し、2010年代半ばには約4割に達したことが、しばしば報道されます。

後からすぐ説明しますが、2010年代以降の非正規雇用のなかには、期間の定めのない無期契約や、1年超の有期契約など、比較的安定した雇用が保障されている人も少なくありません。その意味でも、**不安定雇用として深刻視すべきなのは、呼称としての非正規全般よりは、これからもやはり契約期間の短い臨時雇・日雇の人々でしょう。**

就業先の変化――第二次産業から第三次産業へ

臨時雇と日雇の全体数の推移に続いて、それぞれの産業構成比の変化を求めた結果が、表3－1になります。まず臨時雇をみると、1977（昭和52）年の時点で、最も多くの人が働いていたのは製造業（29・7％）でした。当時は低成長時代に入り、産業構造の転換を迫られ始めていた時期でもありましたが、それでもモノづくりを担う製造業は、日本の主力産業でした。1年もしくは数カ月間の期間限定採用の臨時工を雇うことで、製品に対する緊急的・突発的な受注のほか、季節的・循環的な生産活動などを行ってきた製造会社も多かったのです。

そんな臨時雇の主な働き先は、その後、徐々に変化していきます。1987（昭和62）年、1997（平成9）年になると、製造業の臨時雇は大きく減少し、かわって卸売・小売業、飲

表3-1　臨時・日雇い労働者の産業構成比についての変化(%)

産業分類	臨時雇				日雇			
	1977年	1987年	1997年	2007年	1977年	1987年	1997年	2007年
産業計	100.0	100.0	100.0	100.0	100.0	100.0	100.0	100.0
農林漁業	3.5	1.6	1.7	1.6	5.6	4.9	3.8	3.8
鉱業	0.4	0.0	0.0	0.0	0.4	0.1	0.1	0.0
建設業	16.6	7.1	5.4	3.3	52.0	35.0	27.5	18.9
製造業	29.7	24.2	15.6	11.9	17.2	18.9	14.8	10.1
電気・ガス・熱供給・水道業	0.6	0.4	0.3	0.2	0.2	0.1	0.1	0.1
運輸・情報通信業	5.2	3.7	4.9	7.3	2.8	2.9	4.0	6.0
卸売・小売、飲食・宿泊業	18.3	31.1	31.5	27.5	8.1	18.3	23.1	24.5
金融・保険業、不動産業	1.4	2.4	2.2	3.1	0.2	0.6	0.9	1.0
サービス業	19.7	26.6	33.6	36.5	8.6	16.7	21.9	24.5
公務	4.5	2.6	3.1	2.9	4.6	1.6	0.6	0.5
分類不能	0.2	0.4	1.7	5.7	0.3	0.8	3.2	10.5

出所：総務省統計局「就業構造基本調査」
注：産業分類は年次によって異なるため、同一の区分となるように数字を再集計した。

食・宿泊業が、臨時雇の主要な就業先に変わりました。さらに2007（平成19）年になると、サービス業で働く臨時雇が最も多くなります。就業先変化の背景には、いうまでもなく、日本経済の産業構造の転換がありました。

表3－1から日雇についてみると、1977年には過半数の日雇労働者が建設業で働いていました。1987年でも割合こそ低下しましたが、依然として建設業が日雇労働者の最も主要な就業先でした。ここからも、昭和の日雇労働者の最も代表的なイメージが、建設現場で汗水垂らして働く建設作業者だったことが見て取れます。そのような建設作業者は、来月の雇用保障もないまま働き、現場の仕事が終了した

後には、次の現場で新たに日雇の仕事に就くことを続けてきました。一方で、日雇の仕事に就けなかった人々は、日々の生活も困難になるなど、まさに不安定な雇用の象徴的な存在だったのです。

しかし、その後、建設業で働く日雇労働者は激減していきます。特に1997年以降、バブル経済が崩壊し、日本経済が長期停滞期に入ると、建設現場の仕事自体が大きく減り、日雇で仕事に就くことも困難になっていきました。

かわって日雇でも、臨時雇と同様、卸売・小売業、飲食・宿泊業やサービス業で働く割合が多くなっていきます。2007年には日雇の約半数がこれらの産業で働くなど、日雇の主な働き先が、第二次産業から第三次産業へと大きく転換していったことが見て取れます。

一般常雇への新区分の導入

ここまで臨時雇や日雇としての働き方に注目してきました。では雇われて働いている人のうち、臨時雇・日雇以外の働き方については、どのように把握されてきたのでしょうか。この点を、労働力調査から見てみます。

雇用者とは、雇われて給料や賃金を支払われている労働者のことですが、[3] そのなかには役員として雇われている人もいます。そこで雇用者全体のうち、臨時雇、日雇、そして役員以外の人のことを、耳馴れない言葉だと思いますが「一般常雇《じょうこ》」といいます。別の言い方をすれば、一般常

表3-2

調査事項	変更前（～平成24年12月）	変更後（平成25年1月～）
従業上の地位	○自営業主	○自営業主
	├ 雇有業主	├ 雇有業主
	└ 雇無業主（内職含む）	└ 雇無業主（内職含む）
	○家族従業者	○家族従業者
	○雇用者	○雇用者
	├ 常雇	├ 常雇
	│　├ 役員	│　├ 役員
	│　└ 一般常雇	│　└ 一般常雇
		│　　　├ 無期の契約
		│　　　└ 有期の契約
	├ 臨時雇	├ 臨時雇
	└ 日雇	└ 日雇

雇とは、期間の定めのない無期契約、もしくは1年を超える有期契約で働いている、役員以外の雇用者ということになります。[4]

　このように一般常雇には、無期契約と比較的長期の有期契約の雇用者が混在していたのですが、以前はこの点についてあまり気に留められることがありませんでした。というのは、第2章でみたとおり、2000年代初めまでは有期雇用は原則1年以内と定められていたため、有期の労働契約の雇用者といえば、ほとんどが臨時雇か、日雇であると考えられてきたためです。同様な理由で、一般常雇とは基本的に無期契約の労働者を指すものと考えることも、さほど不自然ではありませんでした。

　労働力調査では、仕事をしている就業者に、あわせて「従業上の地位」をたずねます。そのたずね方として、2012年12月の調査までは、表3

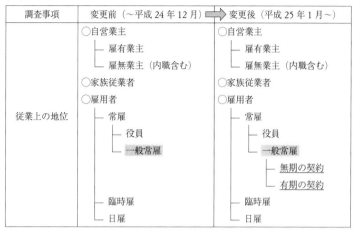

－2の左側のように選択肢が示されていました。表からもわかるように、一般常雇については、より詳細な契約期間がたずねられることはありませんでした。

ところが、有期契約で働く上限が1年から3年に変更されることになった結果、一般常雇には、無期契約だけでなく、1年を超える有期契約で働く人々も少なからず含まれるようになります。同時に、非正規雇用の増加など、不安定雇用の拡大に歯止めをかけるため、労働に関する法律や政策では、無期契約の拡大を目指していくようになります。その一つが、第2章でみたような有期契約の無期転換ルールや、派遣社員の雇用安定化措置でした。

そうなると無期契約のほか、転換に至るまでの1年を超える有期契約で働く労働者に関する詳細を把握する必要が出てきます。そこでさまざまな議論を経て、２０１３年1月以降の労働力調査の従業上の地位の把握は、表3－2の右側のように変更されました。すなわち一般常雇を、期間の定めのない無期雇用（「無期の契約」）と、1年を超える期間の定めのある有期雇用（「有期の契約」）へとさらに区分することになったのです。

この変更によって、２０１３年以降、異なる契約期間で働く人々の状況をより詳しく知ることができるようになりました。これからは整備された統計を活用することで、契約期間ごとの働き方や置かれた状況の違いについて、さまざまな新しい事実が発見されるはずです。

二分法を超えた事実

表3-3 「正規・非正規」および「一般常雇・臨時雇・日雇」「無期・有期契約」による区分

年次	雇用者総数（役員を除く）		一般常雇								臨時雇・日雇			
			無期・正規		有期・正規		無期・非正規		有期・非正規		正規		非正規	
	万人	構成	万人	構成	万人	構成	万人	構成	万人	構成	万人	構成	万人	構成
2013年	5210	100%	3173	60.9%	120	2.3%	579	11.1%	866	16.6%	10	0.2%	461	8.8%
2014年	5249	100%	3160	60.2%	117	2.2%	587	11.2%	954	18.2%	10	0.2%	421	8.0%
2015年	5293	100%	3179	60.1%	123	2.3%	602	11.4%	963	18.2%	11	0.2%	415	7.8%
2016年	5381	100%	3224	59.9%	131	2.4%	607	11.3%	1001	18.6%	10	0.2%	407	7.6%

資料：総務省統計局「労働力調査」結果原表
注：一般常雇とは、1年を超える又は雇用期間を定めない契約で雇われている者で「役員」以外の者。2012年調査以前は、有期・無期の区分なし。

新しい区分の導入によって、整備された契約期間の区分と、以前から調べられている呼称の（非）正規の職員・従業員の区分を組み合わせることで、正規・非正規の二分法を超えた事実を知ることができます。

表3－3には、一般常雇と臨時雇・日雇の区分を正規と非正規に分類し、さらに一般常雇を無期契約と有期契約にグループ分けした上で、各グループの雇用者数の推移を示してみました。

六つのグループのなかで最も多いのは、なんといっても「無期・正規」の組み合わせで、雇用者の6割前後を占めています。非正社員の増加という話題からは、反対に正社員は大きく減っているような印象を持つかもしれません。たしかに無期・正規の割合は若干減る傾向にありますが、雇用者数はそれほど減っているわけではなく、人手不足が深刻になってきた2016年になると、前年より45万人増えています。

また意外に思われるかもしれませんが、職場で正社員と呼ばれている雇用者のなかには、有期の労働契約で働いている人も少なからず含まれています。2016年平均では、1年を超える有期契約を結んでいる一般常雇の正社員が131万人にのぼっており、さらにその数は増えつつあります。また1年以下の臨時雇・日雇で働いているものの、正社員と呼ばれている人々も、2013年から16年にかけて10~11万人程度います。これらの有期契約の正社員については、続く第4章でくわしく見ていきます。

一方、非正規雇用に目を向けると、臨時雇・日雇で働く人々は、減少を続けていることがわかります。先にも述べたように、このような傾向は、短い契約によって先の見えにくい働き方をしている非正社員の状況が、徐々にではありますが、改善に向かっている兆しといえるかもしれません。

加えて非正社員では、1年以下の臨時雇・日雇が減る代わりに、予想通り1年超の比較的期間の長い契約で働く人々が大きく増えていることとも見て取れます。有期の一般常雇である非正社員は、2013年から16年にかけて135万人も増え、その数は今や1000万人を超えています。その事実は、**非正社員を雇用する際に、契約期間の長期化傾向が広がっている**ことを物語っています。

非正社員といえば、臨時や緊急の仕事を行ったり、それらの仕事を正社員が行うのを手伝ったりするために、臨時雇・日雇などの短期の契約で働く人々を指すといったイメージが、今も根強く残っています。しかし実際には、1年以内の短期の一時的な仕事のためではなく、1年を超える契約期間に基づき雇用されている有期の一般常雇が、非正社員のかなりの部分を占めているのです。

無期の非正規雇用

さらに非正規雇用にとっての契約期間の長期化を意味するもう一つの重要な事実が、表3－3のなかにはあります。

非正社員のなかで最も多いのは、一般常雇の有期契約の雇用者ですが、それに次いで多いのは、期間の定めのない無期契約の雇用者なのです。無期の一般常雇である非正社員は、2013年以降も増え続け、2015年には600万人を超えるまで拡大しています。

このように非正社員に無期契約の人々が多数含まれていることは、あまり知られていません。ウィキペディアを使って調べものをしたりする人も多いと思いますが、「非正規雇用」はどのように解説されているかを見てみました。するとその冒頭には、次のように記されています（2017年9月時点）。

非正規雇用（ひせいきこよう）は、いわゆる「正規雇用」以外の有期雇用をいう。狭義には、正規雇用、中間的な雇用、非正規雇用の3つに区分けした際の用語として使われることもある。

日本で非正規雇用とは、有期労働契約である「パートタイマー」、「アルバイト」、「契約社員」（期間社員）、「契約職員」（臨時職員）、および「派遣社員」（登録型派遣）と呼ばれる従業員の雇用形態である。（傍線は筆者による）

表3-3の事実をみると、このウィキペディアの説明は正しくないことがわかります。非正規雇用には、有期契約だけでなく、無期契約で働いている人も、実のところ多いのです。パートタイムなど短時間で働く人のなかでも、採用時に渡される労働条件通知書に、期間の定めのない雇用であることが明示されている場合も少なくありません。長期にわたって働くことを期待されている人は、正社員だけでなく、非正社員のなかにも一定数存在しているのです。

2008年に総合生活雑貨店のロフトが、それまでの本社員、パート社員、契約社員といった区分を撤廃し、全員をロフト社員として同じルールで処遇する制度を導入したことで話題になりました。社員は、最初の6カ月を有期契約で働いた後、ロフト社員としての再雇用が認められると、時間に融通の利くパートタイムで働きつつ、同時に定年まで働ける無期契約を選択することも可能になりました。新制度の導入によって、それまでの懸案だった短時間勤務社員の離職率も大きく下がり、社員の定着が広がる効果があったといわれています。

さらに2010年代半ばになると、ユニクロやスターバックスといった、名前のよく知られた企業などでも、パート社員や契約社員を、勤務地限定の正社員にするといった報道が目につくようになりました。背景には、2018年から動き出す有期契約労働者の無期契約への転換があると考えられますが、ここでの勤務地限定の正社員化というのも、無期契約での雇用の流れにあると考えるのが自然です。

無期契約で働くパートタイム雇用は、これらの有名な企業に限らず、今や全国の多くの企業に広がっているのです。

全国就業実態パネル調査

では、無期契約の非正規雇用には、どのような特徴がみられ、登場の背景にはどのようなことがあるのでしょうか。

これらの点を明らかにするには、信頼できる統計調査の利用が不可欠です。そんな統計調査として、ここまでたびたび言及してきた労働力調査や就業構造基本調査といった、政府（両調査に関しては総務省統計局）が実施するものがあります。加えて日本では、民間の企業や研究機関が独自に行っている、詳細な統計調査もたくさんあります。そのような民間の調査のうち、本書では、リクルートワークス研究所が実施している「全国就業実態パネル調査」を利用しながら、雇用の実態を詳しく見ていくことにします。

リクルートワークス研究所は、株式会社リクルートホールディングスのなかにある、人と組織についての研究機関であり、そのホームページには「一人ひとりが〝生き生きと働ける〟次世代社会を創造する」ことをミッション（任務）に掲げています。その任務を遂行するために、研究所ではたくさんの研究レポートなどを発表しているほか、数々のユニークな調査研究を実施してきました。

その調査のうち、２０１６年より新しく開始されたインターネットモニター調査が、全国就業実態パネル調査です。そこでは全国の15歳以上男女を対象に、就業や無業の実態が独自に調べられています。初年度の16年には約４万９０００人からの回答が得られ、有効回収率も33・９％にのぼりました。調査内容は、政府統計と同様の質問以外に、独自の質問がたくさん含まれています。パネル調査とは、特定の個人を追跡し、継続的に回答を求める調査ですが、この調査でも、２０１７年以降、同じ回答者の働く状況がどのように変化していくのかを追跡していくことが計画されています。[6]本書の第7章では、その追跡調査を用いた分析結果を紹介します。

２０１６年実施の全国就業実態パネル調査には、２０１５年12月時点で雇われて働いている人に対し、勤め先での呼称に加え、有期・無期契約のいずれであるかも問われています。そこでこれらの設問を用いて、ここでは無期契約の非正規雇用の特徴をいくつか見ていくことにします。

専門能力と人手不足

表３－４には、全国就業実態パネル調査が独自に分類している業種を用いて、正規の職員・従業員以外の非正規雇用者のうち、無期契約で働く割合が高い業種を示してみました。ちなみに、

業種全体では非正規に占める無期雇用の比率は9・3%となっていました。

表の結果によれば、最も比率が高いのは、映像・音声・文字情報制作業の20・6%となっています。それに続くのが、職別工事業（大工、とび、左官、石工など）の19・3%、理美容、エステ、クリーニング、浴場の19・2%です。

これらの業種で働く雇用者に共通する特徴は、非正社員であったとしても、多くの場合、一定

表3-4　非正規に占める無期雇用比率の高い業種

業種	無期比率
映像・音声・文字情報制作業	20.6
職別工事業（大工、とび、左官、石工など）	19.3
理美容、エステ、クリーニング、浴場	19.2
設備工事業	18.5
ゴム、革、窯業・土石製品製造業	17.2
総合工事業	16.1
農林漁業	15.6
不動産業	15.4
卸売業	15.3
繊維工業、衣服・繊維製品製造業	14.8
医療業（病院、歯科診療所など）	14.1
旅館、ホテル、レジャー	13.8
鉄鋼業	13.3
印刷・同関連業	13.2
その他の生活関連サービス業	13.1
飲食店	12.8
重電・産業用電気機器	12.2
専門サービス業	11.8
鉄道、道路旅客運送業	11.8
他に分類されないもの	11.8
道路貨物運送業	11.7
その他の小売業	11.5
物品賃貸業	10.4
コンピュータ・通信機器・OA機器関連	10.2

出所：リクルートワークス研究所「全国就業実態パネル調査」（2016年）
注：非正規雇用者数については、調査に含まれるウェイト変数（X998）によって復元されている。

の専門的な能力を求められることです。表3－4をみると、医療業（病院、歯科診療所など）、専門サービス業など、専門的な技能や知識を求められることの多い他の業種も、非正規に占める無期雇用の比率が高い業種に含まれています。

専門的な能力を持つ非正社員には、一時的・臨時的に仕事をこなすというよりは、持続的・継続的に業務を行う上で欠かせない人材として、長期にわたって働くことが期待されることも多いでしょう。そのような貴重な人材を将来も確保するために、雇い主は定めのない無期労働契約を結ぶことで、雇用の安定を保障しようとするはずです。

パートタイムで働く人の多くは、子育てや介護、さらに仕事とは別の活動（趣味、社会貢献、アーティスト活動など）と両立させるため、短時間の勤務を選択しています。そのような仕事と生活の両立（ワーク・ライフ・バランス）を持続的に実現するためにも、できるだけ長い期間、落ち着いて仕事を継続できることを望んでいる場合も少なくありません。この場合、雇い主と働き手の両者の意図が合致する結果として、**専門能力を有する非正規雇用者ほど、無期契約で働く機会が自然と開かれていく**ことになります。

ふたたび表3－4に掲げた業種をみると、そこには2010年代半ばになって、人手不足が特に深刻と思われるものが少なからず含まれています。飲食店や旅館、ホテル、レジャー業界などでは、パートやアルバイトなどの求人を出しても、なかなか従業員の確保が難しいといいます。農林漁業でも後継者不足などの問題が生じているほか、建設関係、医療関係などでも、慢性的な人手不足の状況が続いています。人手不足に悩んでいることの多い業種ほど、パートタイム社員を無期契約によって職場につなぎとめようとするのは当然です。

さらに表3－5では、勤務している会社全体の従業員数ではかった、会社規模別の非正規に占める無期雇用比率を示しました。ここからは規模の小さい会社で働いている非正社員ほど、期間の定めのない無期契約で働いている場合が多いことが明らかです。規模が小さい会社では、正社員、非正社員といった雇用形態にかかわらず、文字通り一人ひとりが欠かせない人材です。小さい規模の企業ほど、一人でも辞めてしまうと、仕事が回らなくなったり、他の社員への仕事のしわ寄せがとても大きくなってしまいます。そのような事態が起こらないよう、中小企業では非正規雇用であっても無期契約を結ぶことで人材の定着を図っているのです。

これらの業種や中小企業では、人手不足に対処するため、雇い主は人件費の関係などから正社員として雇用することは困難であったとしても、無期契約の安定的な就業機会を保障すること

表3-5　非正規に占める無期雇用比率（会社規模別）

業種	無期比率
4人以下	22.2
5～9人	15.8
10～19人	15.1
20～29人	10.8
30～49人	11.3
50～99人	8.6
100～299人	7.0
300～499人	5.0
500～999人	4.2
1000～1999人	5.2
2000～4999人	3.2
5000人以上	4.6
公務（官公庁）	4.3

出所：リクルートワークス研究所「全国就業実態パネル調査」（2016年）

で、なんとか優秀な非正社員を確保しようと考えています。表中の業種に限らず、労働力人口の減少から今後も人手不足の基調は長く続くことが予想されます。だとすれば**人手不足が続く限り、無期契約の非正規雇用は、今後も着実に広がっていく**と考えられます。

短時間正社員の特徴

無期契約の非正規雇用は、柔軟な働き方を安定的に実現するために今後定着する可能性の大きい働き方の一つです。柔軟性と安定性の両立という点で、別のかたちでの働き方にも注目が集まりつつあります。それは短時間正社員という働き方です。

正社員については、就業規則で決められた一週間の就業日数と一日の就業時間に沿って働くというのが一般的です。ところが正社員のなかには、家事、育児、介護などさまざまな事情によって、会社が一律に定めた時間で働くことが困難な人もいます。そのような正社員が、働く時間がネックになって仕事を辞めたりしなくても済むように、短時間正社員という制度の導入を検討している企業も徐々に出てきているようです。

では、短時間正社員は、実際にどのくらい広がりつつあるのでしょうか。ここでも２０１６年実施の全国就業実態パネル調査の結果に注目してみます。

調査では、２０１５年12月時点で就業していた雇用者に対し、正規の職員・従業員であるか否かといった、雇用形態の呼称に関する質問に加えて、平均的な1週間の就業時間がたずねられています。そこで週35時間就業を基準として、35時間以上を「一般」就業、35時間未満を「短時間」就業と区別し、正社員・非社員員との呼称の組み合わせごとに雇用者の構成比を調べてみたのが、表3－6になります。[7]

表3-6　就業時間と職場呼称の区分による雇用者

時間区分	呼称区分	構成比（%）
一般	正社員	58.1
短時間	正社員	3.1
一般	非正社員	15.4
短時間	非正社員	23.5
計		100.0

出所：リクルートワークス研究所「全国就業実態パネル調査」（2016年）
注：小数点第2位四捨五入のため、構成比の和は100にならない。
一般：週35時間以上勤務
短時間：週35時間未満勤務

四つの区分のうち、最も多いのが、やはり一般時間就業の正社員で、雇用者全体の58・1%を占めています。非正社員については、短時間就業が全体の23・5%にのぼっていますが、その一方で一般的な就業時間で働く非正社員も15・4%と、けっして少なくありません。実際、正社員と呼ばれていなくても、正社員と同じく通常の時間帯で働く人も多いのです。

一方、短時間就業の正社員は、全体の3・1%となっています。労働力調査によると、2016年の役員を除く雇用者数が5381万人であることを踏まえると、167万人が短時間勤務の正社員として働いている計算になります。

短時間正社員は、一般に広く普及している働き方とはまだ言えないかもしれません。ただ、正社員という安定的な立場を保ちながら、短時間勤務を望む人々は多く、同時にその人たちを長期にわたり職場に確保したいと考えている会社も少なくないとすれば、**短時間正社員は今後もっと増えていく**ことが予想されます。

そこで、短時間正社員の特徴として、全国就業実態パネル調査を用いて分析した結果の一部を、表3－7で紹介しておきます。正社員のなかで、短時間勤務をしているのは、男性よりも女性であることが多いようです。また年齢的には20代から30代前半で、かつ幼児を抱えている正社員が、短時間勤務で働く傾向にあります。ここからは、正社員で働く若い正社員の女性が、主に育児と仕事の両立を実現するために、短時間勤務を選択していることが見て取れます。

その一方で、60代以上の正社員が短時間で働いていることも多く、加齢に伴う体力の低下などに合わせた無理のない働き方として利用されている面もあるようです。また規模の小さい会社ほど人員の確保が重要課題となっており、そのために短時間で正社員が働くことを認めているというのは、先にみた無期契約の非正規雇用の活用とも共通しています。

表3-7　正社員のなかの短時間雇用者の特徴

属性	傾向
性別	女性であることが多い
年齢	20代から30代前半が選びやすい 60代以上が選んでいることも多い
子ども	家族に幼児のいることが多い
勤め先	規模の小さい会社で働いている

注：「全国就業実態パネル調査」を用いた分析結果から。

安定性と柔軟性の両立へ

雇用の安定や不安定を語る際、これまで真っ先に登場してきたのは正規・非正規という区分でした。ただし、第1章でも説明したように、その区分は職場での呼称という曖昧なものにすぎません。過去を振り返ってみると、不安定な雇用として深刻視されてきたのは、契約期間が1年以内の短期に限定された臨時雇・日雇といった人々でした。

臨時雇・日雇は、1970年代までは製造業の工場や建設現場で働くことが主流でしたが、現在は少なくなっています。一方で、1年以内の短期契約で働く雇用者は、今もサービス業などでは欠かせない存在となっています。近年、1年以下の短期契約は全体的に減りつつありますが、それでも雇用者の一定程度を占め続けており、そこでの不安定雇用の解消は今後も重要な課題です。

加えて、正規雇用は、安定しているものの、決まりきった働き方しかできず、反対に非正規雇用は、柔軟ではあるけれども、不安定といった二分法的な見方には注意が必要です。非正規雇用は、有期契約のことだと思われがちですが、実際には無期契約の人々も多くいます。無期契約の非正規雇用は、専門的な知識や経験を長期にわたって確保したり、深刻化する人手不足のなかで雇用の定着を促すことを目的に、多くの企業で採用され始めています。さらに、幼児を抱えた優秀な女性社員の離職を防ぐため、今後、短時間勤務の正社員も増えていくことが予想されます。

このように実際の雇用契約は、正規・非正規の二分法にとどまらず、多様化が進んでおり、今後も雇用の安定性と柔軟性の両立が実現できるような雇用契約の広がりが期待できるのです。

1――２００２年以前については、労働力調査特別調査によって毎年2月と8月時点についてのみ、正規（非正規）の職員・従業員数の調査は１９８４（昭和59）年2月から続いてきました。

2――ただし１９７２年までは、日本に復帰する以前の沖縄県で働いていた人々は含まれません。

3――給料とは雇い主や使用人が払う報酬であるのに対し、賃金というのは労働の代償（対価）として支払う金銭です。報酬については、労働契約を結んでいない人に払う場合もあります。

4――労働に関する統計では、一般常雇と役員を合わせたものを「常雇」と言う場合があります。

5――ただしこのような変更を行った結果、２０１３年以降になると、臨時雇や日雇で働く就業者数が大きく減ることになり、それ以前の統計との接続が単純にはできなくなるという、思いがけない事態も起こりました。一つの理由には、ちょうど1年の有期契約で働いている人が、本来は臨時雇と回答すべきところを、「有期」という言葉に引きずられ、調査項目の選択肢をみて思わず「常雇の人（有期の契約）」を選んでしまうことが少なからずあったのかもしれません。

6――全国就業実態パネル調査に関する詳しい説明は、リクルートワークス研究所のホームページに記載されています。http://www.works-i.com/surveys/panel-surveys.html またこの調査を用いて学術的な調査研究を目的にデータの利用を希望する学生や研究者の方は、東京大学社会科学研究所附属社会調査・データアーカイブセンターが実施しているＳＳＪデータアーカイブを通じて、利用申請することで活用することができます。https://ssjda.iss.u-tokyo.ac.jp/Direct/gaiyo.php?eid=1088

7――なお週休5日勤務とし、朝9時から夕方5時まで勤務し、途中お昼に1時間休憩が通常勤務の場合、週間就業時間は35時間ということになります。

第4章

有期契約の現在と未来

有期の一般常雇

前章では契約期間として、1年以内と短い有期契約で働く臨時雇・日雇と、対照的に期間の定めのない無期契約で働いている非正社員などに注目してきました。続いてこの章の最初では、有期契約ではあるけれども、1年を超える比較的長期の期間を前提として働く雇用者を中心に考えてみたいと思います。そのような雇用者は、第3章で用いた統計用語でいえば、「一般常雇（有期の契約）」もしくは「有期の一般常雇」ということになります。

まず表4－1から、職場での雇用形態の呼称と契約期間別にみた有期・無期の雇用者数とそれぞれの構成比をみてみます。資料は総務省統計局が5年に一度実施する就業構造基本調査です。就業構造基本調査は、全国の15歳以上の約100万人が対象となっている、日本で最大規模の就業や無業に関する調査です。[1] 現在利用できる最新の調査結果ということで、少し古いデータとなりますが、2012年時点の状況が示されています。

契約期間が1年を超える有期の一般常雇は「1年超3年以内」「3年超5年以内」「その他」に区分されています。第2章でみたように、労働契約期間の上限は、かつては1年とされていましたが、2004年からは3年に拡張されました。ただし専門的な知識、技術、経験に基づく高度な仕事であると、厚生労働大臣に認められた場合には、5年以内の契約も認められています。

また満60歳以上の労働者と雇用契約を結ぶ場合にも、上限を5年とすることが可能です。60歳

表4-1　雇用形態（呼称）と雇用契約期間の関係（万人、カッコ内は構成比）

		総計	有期雇用契約				無期契約	有期一般常雇
			1年以内	1年超3年以内	3年超5年以内	その他		
雇用者全体		4,882 (100.0)	819 (16.8)	185 (3.8)	55 (1.1)	154 (3.1)	3,670 (75.2)	393 (8.1)
正社員		3,189 (100.0)	44 (1.4)	31 (1.0)	22 (0.7)	38 (1.2)	3,054 (95.8)	91 (2.9)
非正社員		1,692 (100.0)	774 (45.8)	154 (9.1)	32 (1.9)	116 (6.8)	616 (36.4)	302 (17.9)
「非正社員」に分類の呼称内訳	パート	810 (100.0)	339 (41.8)	56 (6.9)	9 (1.2)	34 (4.2)	371 (45.9)	100 (12.3)
	アルバイト	305 (100.0)	114 (37.3)	16 (5.3)	3 (1.0)	16 (5.1)	157 (51.3)	35 (11.4)
	派遣社員	102 (100.0)	67 (65.3)	10 (9.9)	2 (1.7)	5 (5.0)	18 (18.0)	17 (16.7)
	契約社員	270 (100.0)	171 (63.5)	47 (17.5)	9 (3.2)	42 (15.7)	– (–)	98 (36.5)
	嘱託社員	112 (100.0)	61 (54.2)	18 (16.0)	8 (7.1)	8 (7.0)	18 (15.7)	34 (30.1)
	その他	93 (100.0)	23 (24.5)	7 (7.0)	2 (1.6)	11 (11.3)	52 (55.6)	19 (20.0)

資料：総務省統計局「就業構造基本調査」（2012年）より筆者が加工作成。–は該当数値なし。
注：雇用契約期間については未回答の場合もあるので、構成の総和は100にならない。雇用者から役員は除く。また総計には、次章以降で検討する契約期間が「わからない」場合は除いている。

で定年退職となった人々が、年金支給開始年齢となる65歳まで、契約社員や嘱託社員などとして働く場合などが相当します。[2]また一定期間の建設工事などで、事業の完了に必要な期間が5年を超える場合には、その期間を労働契約の上限とすることも例外として認められています。先の分類のうち「その他」には、このような例外が該当すると考えられます。

表4－1の右端は、有期一般常雇全体について示しています。役員を除く雇用者のうち、ふだん有期の一般常雇で働いている人は、2012年時点で393万人に達しており、全体の8・1%を占めていたことがわかります。有期一般常雇は、労働力調査に比べて就業構造基本調査では少なくなっています（表3－3と表4－1の比較）。その主な理由としては、就業構造基本調査では、契約期間が「わからない」場合が別途考慮されていることが考えられます。この点は第5章で詳しくみていきます。

非正規の多様化

雇用形態の呼称別にみると、正社員については無期契約が大部分を占めているため、有期の一般常雇は91万人（2・9%）にとどまっています。

一方、正規の職員・従業員を除く、非正社員の場合、17・9%と2割近くが1年を超える有期契約で働いています。そのうち、労働契約の通常の上限である3年以内は半分程度の9・1%となっており、3年を超える契約の場合もけっして少なくありません。

ただし、非正社員の大部分を占めるパートでは、有期の一般常雇は12・3%にとどまり、1年以内の臨時雇・日雇か、そうでなければ無期契約になるといった、期間の二極化傾向が進んでいるようです。同じく非正社員のなかでパートに次いで多いアルバイトも、有期の一般常雇は11・4%と、非正規のなかで最も少なくなっています。

派遣社員は、1990年代から2008年のリーマン・ショックに至るまで、増加傾向を続けてきました。1986年に施行された労働者派遣法では、派遣社員は専門的力量が必要な13業種に限定されていました。96年にはそれが26業種に拡大され、さらに99年には原則自由化されています。その後2004年には、それまで例外的に禁止されていた製造業でも派遣労働は解禁されました。その結果、2003年には50万人程度だった派遣労働者数は、2008年には140万人まで増加しました。[3]

しかしながら、08年秋にリーマン・ショックが起こり、世界金融不況の嵐が吹き荒れると、国内ではまず派遣労働者が、契約期間の打ち切りなどによって働く機会を失います。派遣労働者のあまりに不安定な雇用状況を避けるべく、2012年には日雇派遣が禁止されたこともあり、2010年代には100万~120万人程度で推移しています。

このような派遣社員では、有期の一般常雇は16・7%と、パートやアルバイトに比べて比率が高いのが特徴です。定年後の社員が再就職する場合、正社員から呼称が変更されることも多い嘱託社員も、有期の一般常雇は30・1%にのぼりました。契約社員は通常、有期契約に限定されるため、定義上、無期契約は含まれず、代わりに有期の一般常雇は36・5％と、さまざまな呼称のなかで、最もその割合が高くなっています。

２０００年代以降、非正規雇用は、雇用者数が増えるだけでなく、それまでのパート、アルバイト中心から、派遣、契約、嘱託などの多様化も進んでいきました。このような非正規雇用の増加は、不安定雇用の拡大につながったという批判を浴びました。しかし表４－１をみると、非正規の多様化は、不安定な1年以内の短期の有期契約者だけでなく、比較的雇用の安定した1年超の有期雇用者を増やす方向にも働いていたことが見て取れます。

就業の規則性・週間就業時間

有期の一般常雇の別の特徴を知るために、呼称による区分ではなく、今度は就業の規則性および週間就業時間による区分に着目してみます。

就業構造基本調査では、ふだん仕事をしている人に、1年間の就業日数をたずねています。その上で、年２００日未満の就業者は、その仕事が「不規則」「ある季節だけ」「だいたい規則的」のいずれであるかを選ぶことになっています。そこでこれらの選択肢を用いて、年間２００日以上働いている場合と２００日未満ではあるがだいたい規則的に働いている場合をあわせて「規則的就業」としました。一方、２００日未満の就業のうち、不規則もしくはある季節だけ働いている場合を「不規則的就業」とします。

表4-2　雇用契約期間と就労時間区分別にみた雇用者数

雇用契約期間	全体		規則的就業				不規則的就業	
			週35時間未満（短時間）		週35時間以上（一般）			
	雇用者数（万人）	構成（%）	雇用者数（万人）	構成（%）	雇用者数（万人）	構成（%）	雇用者数（万人）	構成（%）
総計	4,882	100.0	935	100.0	3,669	100.0	277	100.0
臨時雇・日雇	819	16.8	362	38.7	382	10.4	75	27.1
有期一般常雇	393	8.1	123	13.2	233	6.4	37	13.3
1か月未満	11	0.2	2	0.3	4	0.1	5	1.7
1か月以上6か月以下	331	6.8	148	15.8	148	4.0	36	12.9
6か月超1年以下	447	9.8	212	22.6	231	6.3	35	12.5
1年超3年以下	185	3.8	63	6.7	109	3.0	13	4.6
3年超5年以下	55	1.1	15	1.7	35	1.0	4	1.4
その他	154	3.1	45	4.8	88	2.4	20	7.3
定めがない	3,670	75.2	450	48.1	3,055	83.2	165	59.6

資料：総務省統計局「就業構造基本調査」（2012年）を特別集計。
注:「規則的就業」は年間200日以上の就業と年間200日のうち「だいたい規則的」就業からなる。「総計」には、雇用契約期間が「わからない」との回答および未回答は含まない。雇用者から役員は除く。小数点第二位を四捨五入しているため、構成の和が100にならない場合もある。

さらに規則的就業については、ふだんの1週間の就業時間を、複数の時間区分のなかから一つ選びます。週5日、午前9時から午後5時まで働いた場合（1時間休憩）、週間就業時間が35時間となることを一つの目安として、週35時間以上就業の場合を「一般」就業、35時間未満を「短時間」就業に区分しました。

これらの就業の規則性と週間就業時間と労働契約期間によって分類された雇用者数と構成比を求めた結果が、表4－2です。

まず有期の一般常雇ですが、役員を除く雇用者全体の393万人のうち、半数を超える233万人が、規則的な一般就業となっています。先の表４－１の呼称でみると、有期の一般常雇のうち、正社員は91万人と限定的です。それに対し、呼称ではなく、週間就業時間でみると、大部分が一般の週間就業時間で規則的に働いている有期の一般常雇の姿が浮かび上がってきます。同じ有期でも、契約期間が1年以内の臨時雇・日雇では、規則的就業のなかでも、短時間と一般の雇用者数がほぼ拮抗していることと比べると、有期の一般常雇では一般就業が多いことが特徴といえます。

むろん、規則的な一般就業に限ってみると、期間の定めのない無期雇用が83・2％と大部分を占めており、有期の一般常雇は６・４％に限られているともいえます。ただ、そのなかでも3年以内が１０９万人であるのに加えて、高度な専門職や有期の事業に必要な人材を含む3年超が、その他を含めると１２３万人にまで達しています。ここからは、有期の一般常雇が、無期雇用の人々と同じく一般の就業時間で働き、事業に不可欠な人々として認められている場合も少なくないことが示唆されます。

ちなみに、不規則的就業の中身をみると、無期雇用が59・６％にのぼっていることも、印象的です。これまで無期雇用といえば、規則的で安定的な働き方であると見なされてきました。しかし、年間の働く日数も限られていて、働く機会も不規則だったり、季節限定ではあるものの、特に期間の定めがないまま働いているといった人々も、一定数います。無期雇用だからといって、必ずしもすべての雇用が規則的・安定的とは言えないようです[4]。

高齢者にとっての有期契約

では、一般的な就業時間を有期契約で働いている人には、無期契約の人々に比べて、どのような特徴があるのでしょうか。以下では、就業構造基本調査の個々の調査票に基づくデータを統計分析した結果について紹介します。[5] ここでは一般常雇と臨時雇・日雇を区別せずに、一般的就業に占める有期契約の雇用者全体の特徴を取り上げます。

表4－3　一般有期契約雇用者の主な特徴

属性	一般のうち有期
性別	女性
年齢	50代以降
婚姻	未婚
世帯続き柄	世帯主
教育	中学・高校卒
育児	なし
介護	無関係
前職	あり
職場呼称	契約社員、派遣社員、嘱託

資料：総務省統計局「就業構造基本調査」（2012年）を特別集計。

表4－3は、一般就業者のなかで、どのような属性の人々が、無期契約よりも有期契約になりやすいかを示したものです。[6] ここからは、有期雇用者の複数のイメージが浮かび上がります。

まず、補助的な仕事を担う存在としての有期雇用者の姿です。たとえば結婚をしていない高校卒の女性が、派遣社員として派遣元から派遣されたり、契約社員として企業に採用され、一定期間、平日の朝から夕方まで仕事をしているような状況です。従来型かつ典型的な有期雇用のイメージといえるでしょう。

もう一つ有期雇用者として浮かび上がるのは、50代や60代といった比較的年齢の高い世帯主の男性が、定年の前後に嘱託社員などで働いている姿です。無期契約の正社員として働いていた高齢男性の雇用契約は、定年でいったん終了します。その後、以前からの会社で再雇用される際には、多くが嘱託社員として単年契約から最長5年までの有期契約によって働き続けることになります。

加えて、会社からの早期退職の募集に応じて、定年前に退職する50代男性もいます。そんな早期退職を選択した男性は、そのまま引退して隠居生活をするのではなく、別の会社で契約社員や嘱託として60歳の定年年齢まで有期契約で働く場合もあるでしょう。

このように高齢者に対し、引退までの一般的な働き方を継続する手段として、有期契約は新たな選択肢を提供しています。有期契約の労働は、高齢社会における多様な働き方を広げるためにも不可欠となっているのです。

専門能力と有期雇用

続いて表4－4には、一般就業のうち、有期雇用というかたちで働いている場合が多い勤め先の状況を示しました。

まずは、有期契約が原則上限3年、特例も最長5年となっていることから、会社で働いている勤続年数も5年未満となっているのが、ほとんどです。産業分類では、漁業や建設業など、漁獲時期や工事期間が定められている職場では、その時期や期間に対応するかたちでの有期契約の活

表4-4　一般有期と勤め先状況との関係（主な特徴）

属性	一般のうち有期
勤続年数	5年未満
産業	漁業、教育・学習支援、学術研究、専門・技術サービス、サービス（その他）、建設、分類不能など
企業規模	大企業、官公庁
職業	管理職
経営組織	個人経営以外

用が進んでいます。

さらに教育・学習支援、学術研究といった教育や研究に関わる分野でも、有期契約で働く人々は多くなっています。大学や研究所などでは、特任研究員や助教といったかたちで雇用されている、優秀な有期契約の研究者がたくさんいます。彼ら、彼女たちのような優れた有期契約の研究者がいなければ、大学の教育・研究は、到底回らなくなっているのが現状です。

大学では、国の財政難のため、措置される予算が年々乏しくなっていることや、少子化の影響もあって学生が集まらず、入学金や授業料を確保することが困難になっており、安定的な経営が難しくなっています。そのような状況では、大学で無期契約の教員になることは、研究者にとってますます狭き門になっています。大学院で博士号を取得したとしても、すぐに無期契約の講師や准教授になるのは至難の業であり、多くの若手研究者は有期契約を結んだ大学で働きながら、専門的な研究業績を蓄積すべく、日々努力しているのです[7]。

大学に限らず、専門・技術サービスの産業でも、有期契約の活用が進んでいます。専門・技術サービス業には、法律、財務、会計から、デザイン、文芸・芸術、経営戦略や設計、総合サービスなど、多岐にわたる事業が含まれます。ここからは、一時的・臨時的な業務の補助者として有期契約が活用されているだけではなく、有期契約、特に勤続年数の比較的長い一般常雇が、専門的な知識や経験を買われて採用されている可能性が示唆されます。

大企業で増える有期雇用

表4－4には、もう一つ重要な事実が示されています。それは**大企業や官公庁など、従業員数の多い大規模な企業ほど、有期雇用の活用が進んでいる**ことです。今や、有期契約で働く人々は、大規模な組織の柔軟な運営にとって欠かせない存在になりつつあります。

図4－1は、就業構造基本調査を用いて、従業者規模別に雇用総数に占める有期雇用の割合を求めたものです。ここから一見して明らかなのは、大規模組織の企業ほど、有期雇用の割合が高くなっている事実です。従業員が50人未満の小規模企業では、有期雇用の割合は20％を下回っています。さらに従業員が10人未満の零細規模の企業になると、有期契約で働く人々は、雇用者の1割程度にすぎません。

これらの中小企業に対し、従業員300人以上の比較的規模の大きい企業では、有期雇用は27％台にまで達し、3割に迫ろうとすらしています。このような事実からも、大規模な企業では、有期雇用が欠かせない存在となっていることが理解できます。

図4－1には、契約社員や嘱託などの有期契約で働くことの多い55歳以上の高齢雇用者を除いたときの有期雇用の割合も示されています。ここからは、55歳未満の若年や壮年層に限っても、大規模な企業ほど有期雇用比率が高いという事実が、同様に観察されます。

図 4-1　雇用総数に占める有期雇用の割合

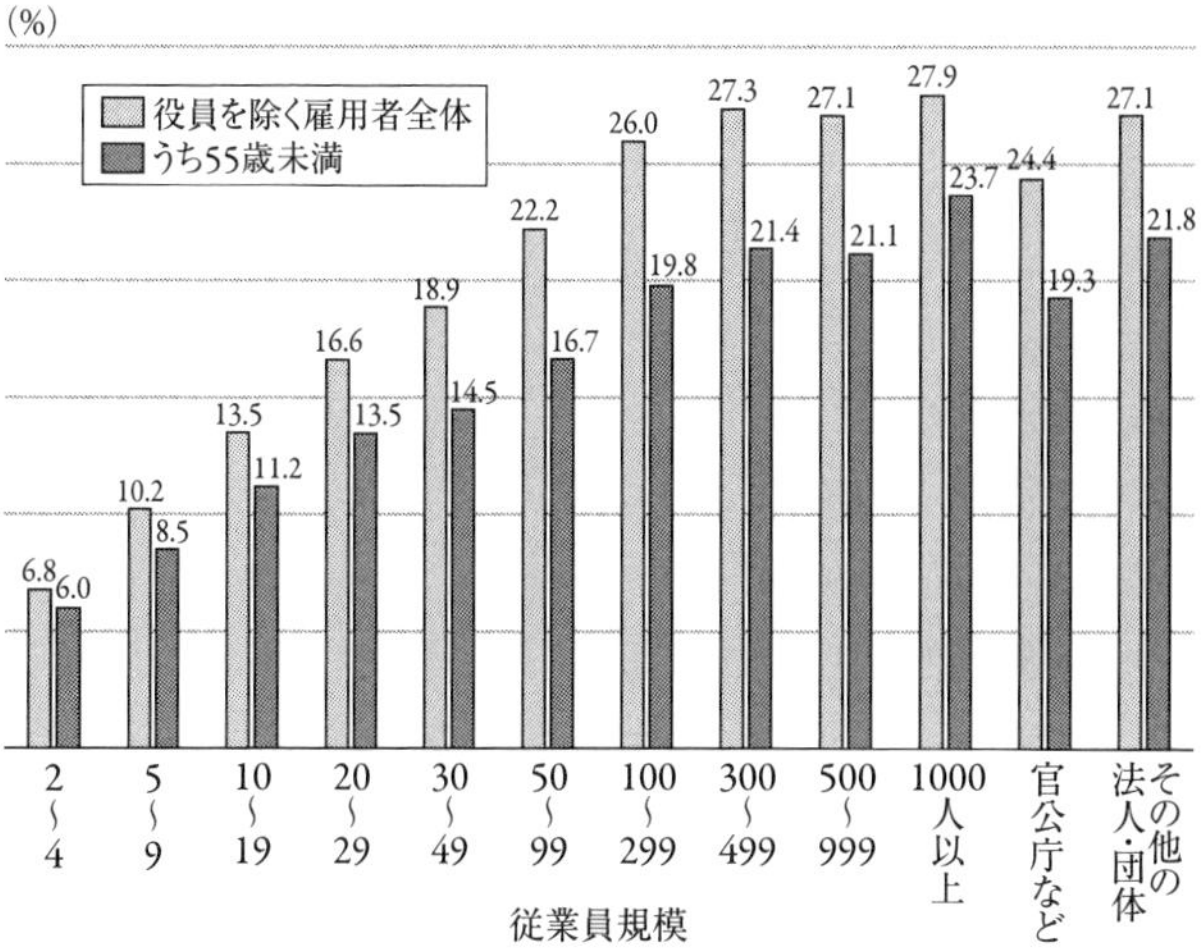

出所：総務省統計局「就業構造基本調査」（2012 年）

従来から、日本の雇用社会の特徴として、日本的雇用システムという言葉がしばしば取り上げられてきました。日本的雇用システムは、年齢や勤続年数に応じて賃金も上がる「年功賃金」、同じ企業の労働組合員によって結成され、企業ごとに交渉する「企業別組合」とならび、定年まで雇用期間の定めのない無期雇用を意味する「終身雇用」の3本柱から構成されると考えられました。これらの3本柱は、主に大企業で普及してきたものという説明もなされてきました。そのため、定年まで期間の定めのない無期雇用は、大企業のあいだで広がっているというイメージを持つ人も多かったと思います。

しかし、図4−1からは、大企業は無期雇用だけでなく、多くの有期雇用の人々によって支えられていることがわかります。むしろ無期雇用は、中小企業の雇用者のあいだでこそ、より一般的に広がっているというほうが正確です。

そもそも従業員の少ない企業ほど、定年制を採用しない場合もあるなど、一人ひとりの雇用者が貴重であり、辞められたら会社にとって困る存在である場合も多いのです。人手不足が続く状況では、ますますその傾向は強まっています。これから就職を考えている若い人などで、とにかく安定して長く働ける無期雇用を望むのであれば、大企業よりは中小企業への就職を目指すほうが案外正解かもしれません。

組織型からプロジェクト型へ

1990年代末以降、日本の企業では、経済環境の不確実性や企業間での競争に激しさが増すなか、迅速かつ柔軟な経営判断が、経営の死活問題となっています。その一方で、日本の特に大企業では、組織の大きさが制約となって、意思決定や行動に移すことに時間がかかってしまうといった問題を抱えてきました。そのなかで試行錯誤を続けた結果として、多くの大企業は、業務遂行の軸足を「組織型」から、以下で述べる「プロジェクト型」へと移しつつあります。

この点を理解するためには、まず従来の組織型の業務遂行の特徴を知る必要があります。組織型の業務遂行では、無期契約で働く組織内の雇用者に、主要なメンバーが限定されてきました。その上で、組織内の無期雇用者の団結によって、長期的な観点からの業務の達成を目指すことが特徴でした。何をするかを決める時も、どのようにそれに取り組むのか決める時も、すべて組織内の無期雇用者同士の十分に時間をかけた話し合いが重視されました。

このように長期的な観点から業務に取り組むことを後押しするために整備されたのが、終身雇用や年功賃金といった日本的雇用システムだったのです。その中心は、このシステムに守られた企業組織内の男性正社員であり、同じ組織内の雇用者でも、女性社員やパート社員などは補助的・周辺的な存在とみなされてきました。それは従来からの大企業の仕事の進め方そのものでした。

このような組織型に対し、プロジェクト型の業務遂行では、顧客や取引先からの要望や経済環境の急速な変化に即座に対応すべく、的確な状況把握と迅速な行動が何より求められます。そのため多くの場合、会社の経営判断としてまず時限付きのプロジェクト（企画事業）が立ち上がることになります。そこではプロジェクトを会社から託された最終責任者（プロジェクト・リーダー）の統率力がきわめて重要になります。その上でリーダーの判断と統括の下、組織の枠を超えた多彩な人々の連携によって、一定期間内での事業の達成を目指すのが、プロジェクト型の業務遂行なのです。

その際、プロジェクト・リーダーは、組織内で根幹的かつ中核的な役割を果たす人材が主に担います。しかしそれ以外の業務は、組織内の無期契約者だけでなく、プロジェクトに必要な人材を多様かつ柔軟に一定期間確保した上で、遂行されていくことになります。そこでは、無期雇用と有期雇用の人々が相互補完的に働き、それぞれの役割について責任をもって仕事をすることが求められます。有期契約で外部から採用される人々は、単に補助的業務をまかされるだけではありません。むしろ組織内の人材が持っていない知識や経験を有する貴重な人材として期待されることになります。

1990年代以降の長きにわたる不況を経験し、市場のニーズに対して迅速かつ弾力的な意思決定が可能となるよう、**企業経営の構造変革が求められるなか、多くの大企業がたどり着いたのが、従来からの組織型を脱却し、新たなプロジェクト型を軸とした業務遂行への移行だったのです。**

プロジェクト型の業務を的確に実現するためには、専門的な知識や経験を有する人材との間で一定期間の有期契約をいかに結ぶかが、カギを握ります。このような状況変化を踏まえ、一般就業における有期の一般常雇が、プロジェクト型業務遂行に適した人材として活躍する場はこれまで以上に開かれることになったのです。

処遇変化の兆し

労働法や労働政策に詳しい濱口桂一郎さんは、国際比較や歴史考察の観点を踏まえて、雇用システムを「ジョブ型」と「メンバーシップ型」に分類することを提案しています。[8] 組織の長期的な構成人員として雇用者を処遇する日本的雇用システムでは、まずは組織の構成員（メンバー）を軸に、そのメンバー各人の特性に応じて仕事をはりつける「メンバーシップ型」の雇用システムが長く採用されてきました。そこでは給料もそのメンバーの能力に応じて決まる職能型の賃金制度が採用されることになりました。

それときわめて対照的なのが、従来の欧米型の雇用システムだったといいます。そこではむしろ仕事（ジョブ）を軸に、決められた仕事に人をはりつける「ジョブ型」の雇用システムが採用されてきました。給料も、仕事の内容に応じて決まる職務給と呼ばれる賃金制度が採用されるのが主流でした。

以上から、欧米では、同じジョブであれば、誰がやっても給料が同じであるのに対し、日本では、同じメンバーであれば、組織内で別の仕事に変わっても給料は変わらないといった違いが生じてきました。

同じ日本的雇用システムのなかでも、正社員はメンバーシップ型のシステムによって処遇されるのが基本であるのに対し、組織内の中核メンバーとは認められていない非正社員は、結果的に欧米に近いジョブ型の性格を色濃く帯びるという明快な整理もなされてきたのです。

ただし今後は、日本の雇用社会でも、メンバーシップ型とジョブ型だけではない働き方が増えていくことが予想されます。具体的には、これらの二つの型に加えて、メンバーシップ型とジョブ型の両面を兼ね備える、先に述べた「プロジェクト型」雇用が普及していく可能性が大きいで

図 4-2　雇用形態・雇用契約期間別にみた勤続年数・所定内給与プロファイル（1000 人以上民営企業、大学・大学院卒・男性）

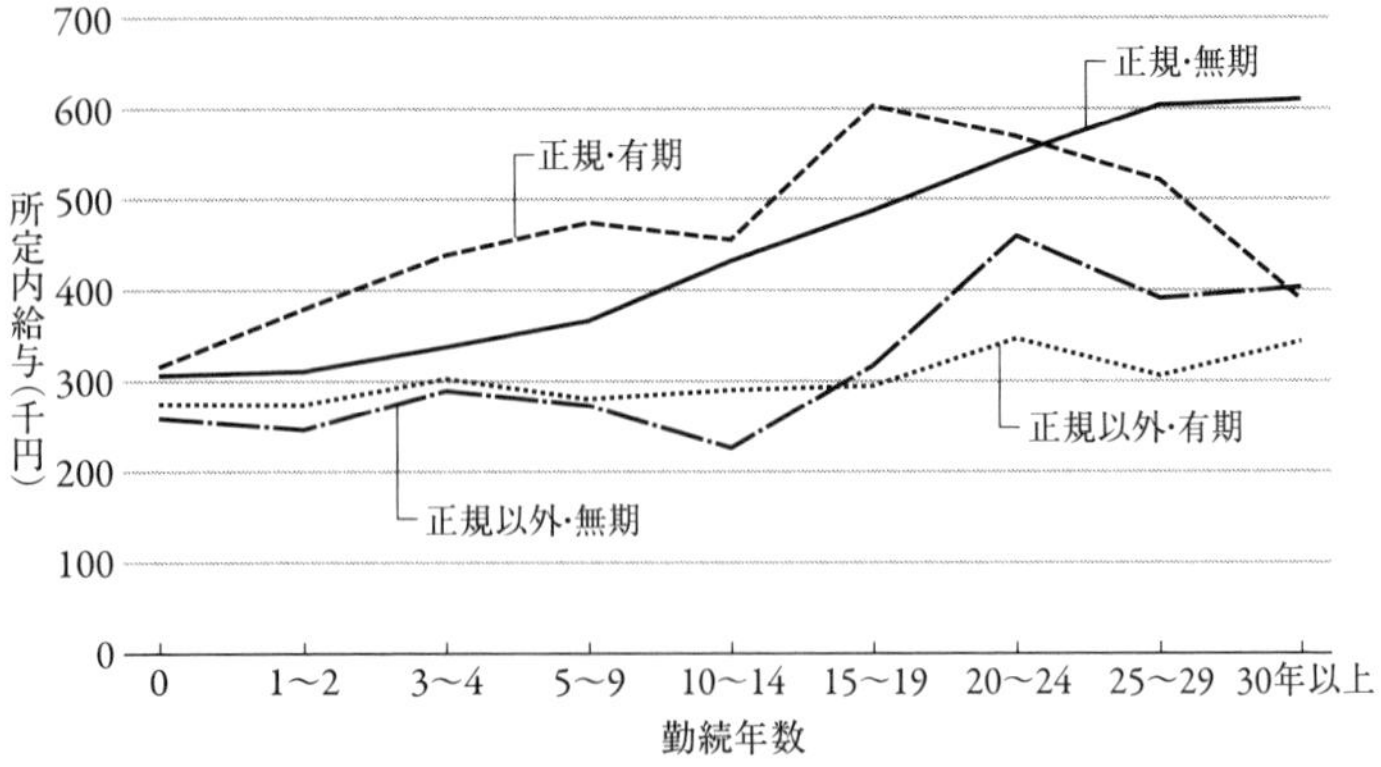

出所：厚生労働省「賃金構造基本統計調査」（2015 年）

しょう。プロジェクト型の雇用者は、組織内に設置されたプロジェクトの遂行に不可欠と評価された比較的長期の有期雇用メンバーであると同時に、専門的かつ高度なジョブの内容に応じて処遇される人材です。すなわち**プロジェクト型雇用者は、専門的なジョブを担うことができ、かつプロジェクトの重要なメンバーでもある**のです。

このようなプロジェクト型雇用人材として、有期の一般常雇としての雇用機会が今後さらに拡大していくと思われます。呼称との関係でいえば、プロジェクト型雇用人材には、長期雇用の非正社員以外に、正社員と呼ばれながら、有期契約で雇用される人々が含まれることになります。

実際、「有期・正規」としてのプロジェクト型の雇用人材が、すでに大企業では、重要な役割を発揮していることを示唆するデータがあります。図４－２は、厚生労働省の賃金構造基本統計調査

（２０１５年）から、１０００人規模以上の民営企業における大学・大学院卒男性について、正規・正規以外と無期・有期の組み合わせごとに、勤続年数と毎月の所定内給与の関係を描いたものです。

図をみると、正社員の場合、勤続年数が20年未満では、賃金面では有期契約の雇用者のほうが一貫して、無期契約の雇用者を上回っていることがわかります。この結果は、一定期間のプロジェクト遂行に必要なスキルを有する高学歴の高度人材を、有期契約の正規雇用者として大企業が雇用しようとする場合、その能力に連動した高い賃金を支払うことが求められていることを物語っています。

これまで無期雇用は責任が大きい分だけ賃金も高くなり、反対に有期雇用は補助的な仕事である以上賃金が低いのは当然とみなされることも多かったように思います。しかし、専門的なジョブをこなし、かつ重要なメンバーでもある、プロジェクト型雇用人材が今後さらに広がっていけば、高い賃金が獲得できる有期契約も、けっして特別なことではなくなるでしょう。

有期契約と能力開発

ただし、有期契約と無期契約では、雇用の安定や賃金の水準以外にも、さまざまな処遇の違いが存在するのではないかと考えられてきました。そのなかでも深刻視されてきたのが、能力開発の機会の違いでした。

無期契約の正社員に対しては、採用の初期段階から企業は能力開発を行うことで、後に一定の収益を獲得することが可能です。特にそこで開発された能力が、雇われた企業で働き続けることで発揮される固有な「企業特殊的」熟練であるならば、訓練を施された労働者も雇用の継続を望むために、ますます訓練からの成果を事後的に得やすくなります。このように労働者の能力開発のために時間や金銭をかけることを、経済学では「人的投資」と呼びます。

対照的に、短期契約の非正社員の場合、企業は訓練を行ったとしても、それによって長期にわたって収益を獲得できるとは限りません。一時的・臨時的な仕事の補助のために雇われた非正社員であれば、特段、企業も積極的に人的投資を行おうとはしないでしょう。その結果、非正社員は能力が上がらず、結果的に賃金も低くなると考えられてきました。

実際、このような予想は正しいのでしょうか。図4―3には、週35時間以上就業の一般雇用者を契約期間ごとに区分し、勤め先による訓練・自己啓発の実施割合を示したものです。具体的には雇われて働いている人のうち、過去1年のあいだに仕事に役立てるための訓練や自己啓発を勤め先が実施したと答えた割合を求めたものです。

これによると、期間の定めのない無期契約の雇用者では、39・5％が勤め先による訓練を受けたと回答しています。それに対して、雇用期間が1カ月未満では18・4％、1カ月以上6カ月以下では19・2％と、実施割合は無期雇用の半分程度しかありません。ここからはやはり無期契約ほど能力開発の機会に恵まれているといえそうです。

ただ、それでも図4－3で見逃せないのは、「その他」を除くと、有期契約の期間が長くなればなるほど、勤め先が訓練を実施する割合が高くなっていることです。3年超5年以下の一般常雇になると、およそ3人に1人は訓練を受けたと答えています。この事実は、無期雇用だけでなく、比較的長期の有期契約の一般雇用者にも、企業は少なからず訓練を実施していることを予感させるものです。

図4-3　勤め先による訓練･自己啓発の実施割合
（週35時間以上就業の一般雇用者）

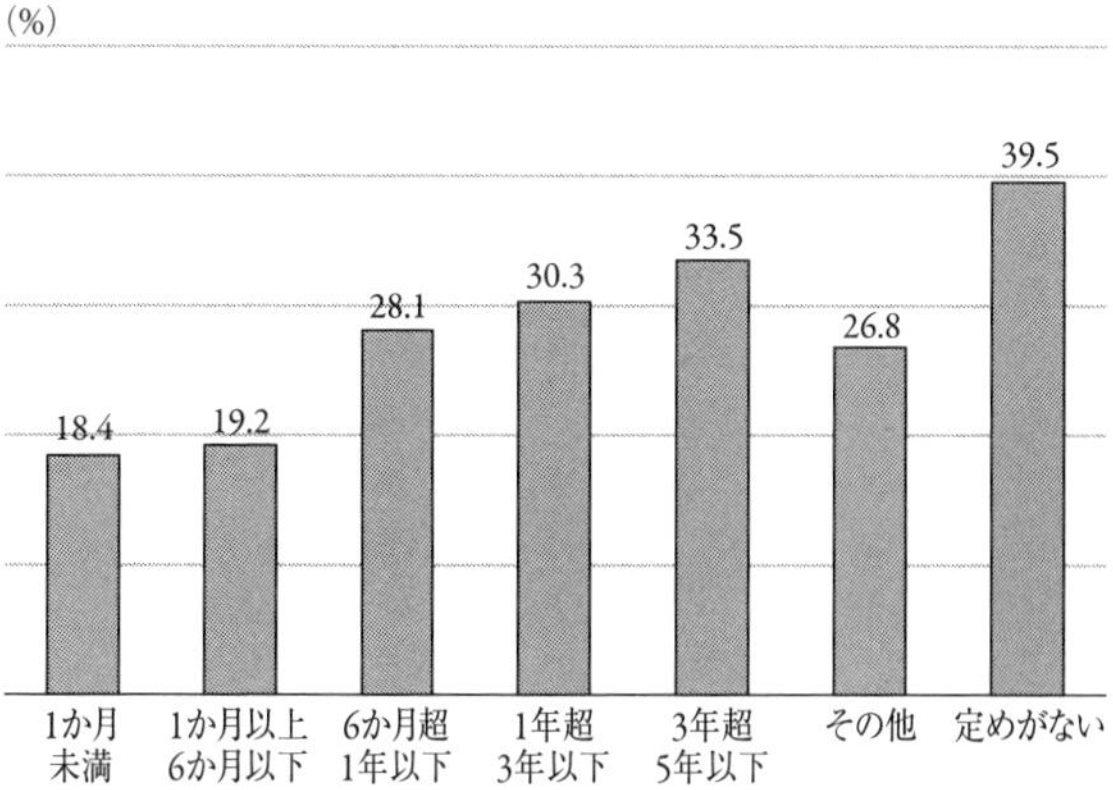

出所：総務省統計局「就業構造基本調査」（2012年）

　その背景には、契約期間を通じて得られるリターンを最大にすべく、企業は長期の有期契約者に対して一定水準の人的投資を、経営合理的な判断として施していることが考えられます。プロジェクト型雇用との関係でいえば、プロジェクトから最大限の成果を実現するため、企業は有期契約のプロジェクト型雇用人材にも必要な技能形成の機会を期間中に集中提供しているといえます。それは、**有期の契約期間中に企業が実施する人的投資によって、プロジェクト型雇用人材には、技能を高める機会が開かれている**ことも同時に示唆しています。

キャリアアップ

さらに訓練を通じて持続的なリターンが得られると判断できる場合には、企業が有期雇用の人材を期間終了後に無期雇用に転換するよう、契約を結び直す可能性もあります。労働経済学者である小池和男さんによれば、有期雇用を含む非正規労働は、以前から幅広く存在し、正規雇用への選別手段として活用されてきたといいます。[10] 有期のプロジェクト型雇用から無期のメンバーシップ型雇用への移行は、小池さんが指摘する選別の可能性を含んだ有期雇用の合理的活用という意図とも合致するものです。

図4-4　現在の勤め先への就業継続希望割合
（週35時間以上就業の一般雇用者）

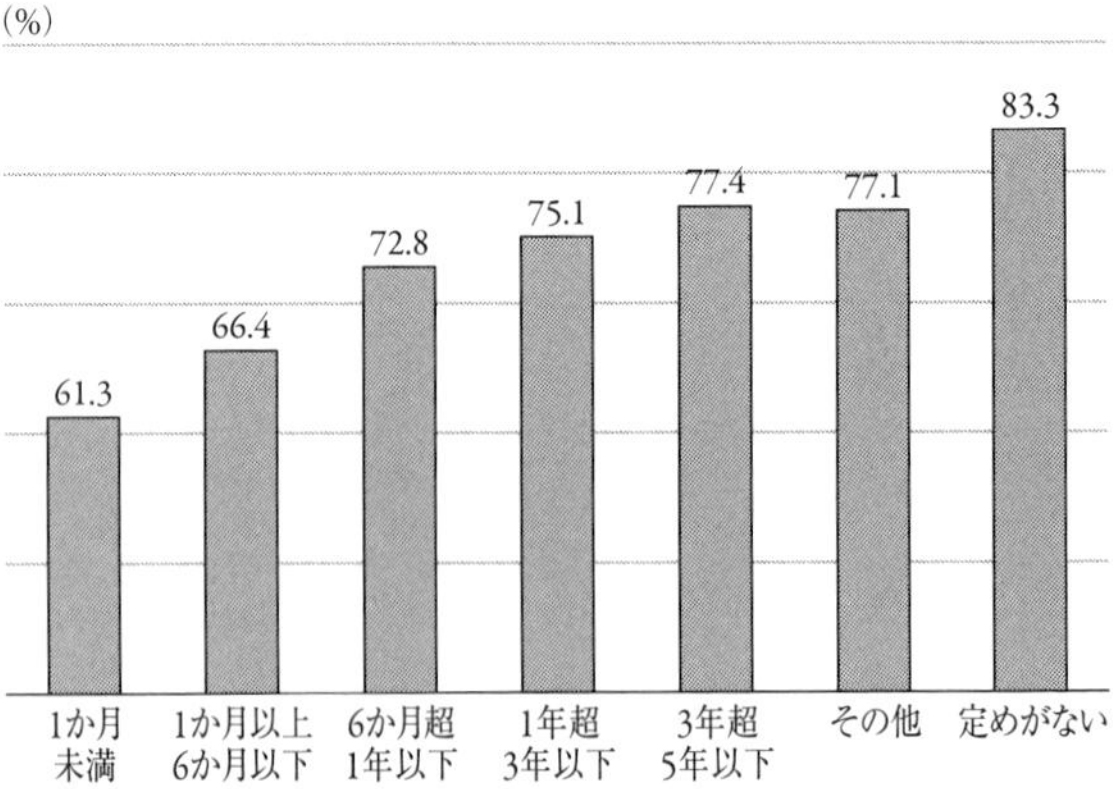

出所：総務省統計局「就業構造基本調査」（2012年）

図4－4は、現在勤務している会社への就業継続を希望する割合を、契約期間別に求めた結果です。図の結果をみると、就業継続希望割合は、期間の定めのない無期雇用で最も高いのですが、有期雇用でも契約期間が長くなるほど増加することも確認できます。それは、有期雇用者自身も

契約期間中の人的投資を引き続き活用することで長期のリターンを得るべく、契約の更新や無期への転換を望んでいる場合が少なくないことを物語っています。

ただし、だからといって、すべての有期雇用が無期雇用に転換可能なわけではありません。有期雇用者への投資からは短期的なリターンしか獲得できないと企業が判断した場合には、契約末時点をもって雇用関係は終了することになります。そのため、有期雇用を終了したプロジェクト型人材は、既存の能力とプロジェクト期間中に形成した技能を最大限活用可能な別会社に転職し、新たな職場で能力開発を続けながら、さらなるキャリアアップを目指すことになるのです。

いずれにせよ、比較的長期間の有期契約の雇用者に対しては、企業も能力開発を行う可能性があることを忘れてはならないでしょう。有期の一般常雇はその機会を積極的に利用することで能力を高め、将来的に無期転換への移行を実現するか、新たな会社の別プロジェクトでのさらなるキャリアの向上につなげることができるのです。

有期を通じたキャリア形成

有期契約の雇用者であっても、契約年数がある程度長い場合には、勤め先から能力開発の機会を提供されたり、比較的高い賃金が得られる状況も広がりつつあることをみました。

２０１８年4月からは、有期契約でも勤続年数が5年を超えて更新される場合は、本人から申し出があれば無期雇用に転換されるルールが実施されます。そうなると、雇用安定を目指す上で、いきなり無期契約は難しいとしても、まずはできるだけ期間の長い有期契約を結んで、将来に備えようとする働き手も増えるかもしれません。

このような状況は、有期契約で雇用されている人々の働く意識にも、なんらかの影響を及ぼしているのでしょうか。

第3章でも紹介した、リクルートワークス研究所が2016年から実施している全国就業実態パネル調査には、契約期間や労働時間などに加えて、働く意識に関する設問も数多く含まれています。そこでこの調査を用いて、週35時間以上働いている一般雇用者について、契約期間による働く意識の違いを調べてみました。

「仕事そのものに満足していた」「職場の人間関係に満足していた」「仕事を通じて「成長」しているという実感を持っていた」「生き生きと働くことができていた」といった回答をみると、無期雇用や長期の有期雇用ほど、肯定的に答える傾向がみられます。反対に契約年数が短い場合には、仕事への満足や自身の成長を感じにくい場合が多くなっていました。

加えて、働く意識と契約年数との間で鮮明な傾向がみられたのが、今後のキャリアに関する見通しでした。図4－5には契約期間別に「今後のキャリア見通しが開けていた」という設問への回答状況を示しています。

キャリア見通しが不透明であり、上記質問に「あてはまらない」という回答は、契約期間が6カ月未満や6カ月以上1年未満などで、特に高くなっています。[11] これらの短期契約では「どちら

図 4-5　契約期間と「今後のキャリア見通しが開けていた」

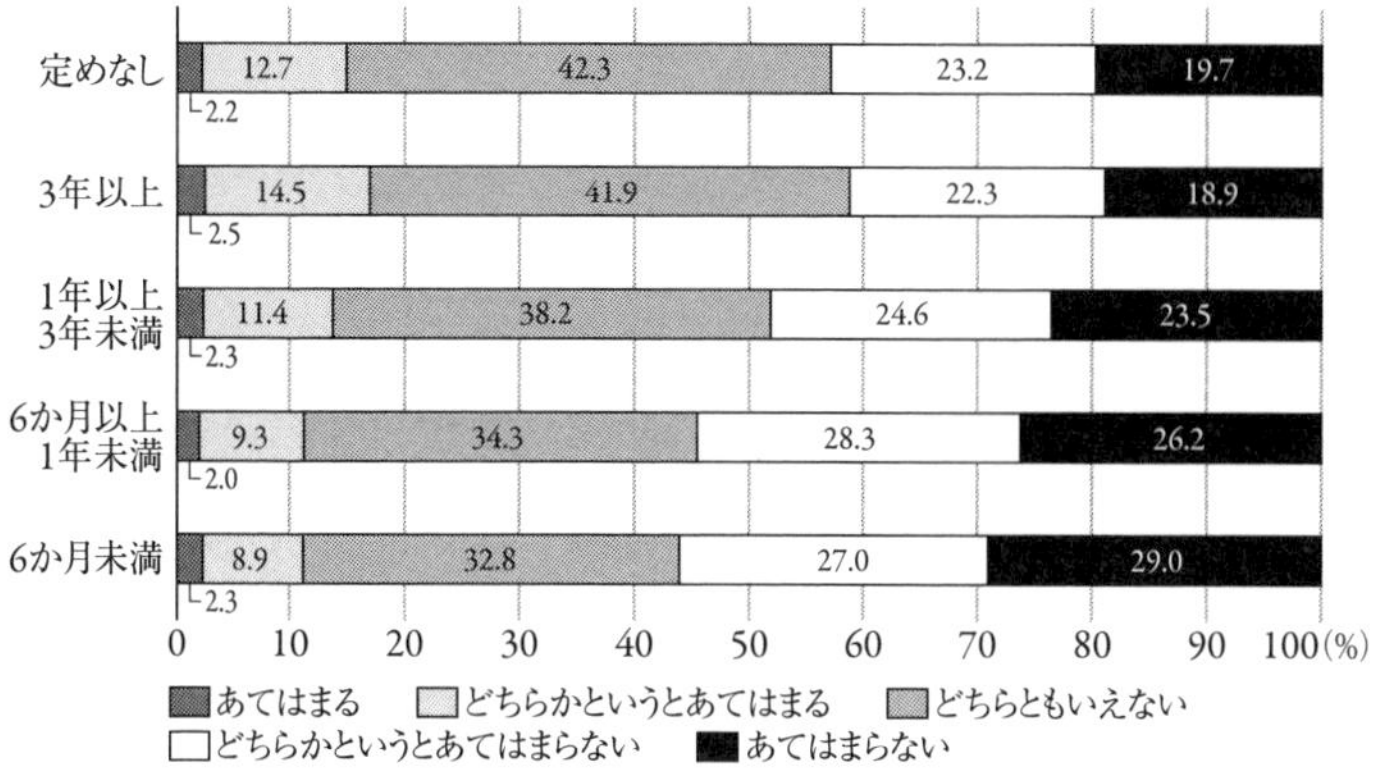

出所：リクルートワークス研究所「全国就業実態パネル調査」(2016 年)

かというとあてはまらない」も加えると、過半数はキャリア見通しが開けていないといいます。

それに対し1年以上3年未満になると、キャリア見通しに対して肯定的な意見が増えていきます。さらに3年以上では、定めなしの無期雇用に比べても、「どちらかというとあてはまる」という割合が高く、「どちらかというとあてはまらない」「あてはまらない」は低くなっているのです。

たしかに無期契約の場合には、雇用が長く保障されているという面では、キャリア見通しは立てやすいでしょう。しかし、その一方で無期契約の正社員などは、将来的に業務内容や勤務場所など、会社からの指示のままに大きく変わる可能性も少なくありません。将来どんな仕事をすることになるかはすべて会社が判断し、自分では決められないという意味では、無期契約の正社員にはかえってキャリア見通しが立ちにくい面もあります。

それに比べて比較的長期の有期雇用では、業務内容や勤務場所などの労働条件は、契約期間中にそれほど大きな変更を強いられることは少ないでしょう。さらに有期契約の終了時期が明確にされていることから、今後のキャリアの節目もはっきりしています。そこでは次の節目に何を目指すかというキャリア見通しも、おのずと強く意識されるようになるはずです。

『新明解国語辞典』（三省堂書店）によれば、キャリアとは「その方面で実際に場数を踏んで来た経験年数」のことだといいます。有期契約の一定期間中に、さまざまな場数を実際に踏みながら、経験年数を積み増すことで、キャリアを自分の手で高めていくこともできるのです。

有期をチャンスに

２０１２年に実施された就業構造基本調査によれば、雇用期間の明確な雇用者のうち、およそ4人に3人は無期契約で働いています。いいかえれば、4人に1人は有期契約で働いていることになります。特に大企業では今や雇用者の約3割が有期契約となっているなど、多くが限定された契約期間のなかで働いています。さらに有期雇用は、定年前後の高齢者が再就職する際の、重要な職業選択の一つにもなっています。

臨時雇や日雇といった契約期間の短い有期雇用者は、雇用の継続や安定した賃金を得るのが難しいことが多く、そのような働き方ができるだけ減っていくのが望ましいでしょう。それに対し、契約年数が1年を超える有期の一般常雇では、一定期間内での遂行が求められるプロジェクト型の業務を通じて専門能力を発揮することが期待されているケースが広がりつつあります。比較的長期の有期雇用者には、能力開発やキャリア見通しが開かれる機会もあるのです。
経済状況の先行きが不透明であることを理由に、企業は無期契約の新規採用には慎重な態度で臨む傾向が、人手不足の続く現在ですら続いています。労働者にとっては、**無期契約を望んでも機会に恵まれないとすれば、長期の有期契約を将来に飛躍するためのチャンスとみなして、有効活用するといった柔軟な発想も、キャリアを磨く上で重要となる**でしょう。

1——政府が調べている労働に関するもう一つの代表的な統計調査である労働力調査は、毎月約4万世帯が調査対象となっています。労働力調査が毎月の月末1週間における実際の働く状況を調べる「アクチュアル・ベース」の調査であるのに対し、就業構造基本調査は調査年の10月におけるふだんの働く状況を調べる「ユージュアル・ベース」の調査といった違いがあります。
2——契約社員と嘱託社員の違いは、職場での呼び方の違いにすぎず、明確な法的区別があるわけではありません。ただし定年退職した高齢者が同じ会社に再就職する場合では、それまでの正社員に代わって、嘱託社員と呼ばれる場合が多いようです。その他、医師や弁護士など、特殊な技能を持つことで雇われた社員を、嘱託社員と呼ぶ会社もあります。
3——総務省統計局「労働力調査」より。派遣事業者に対して派遣登録者数を調べた厚生労働省「労働者派遣事業報告書の集計結果」によれば、1999年にはのべ107万人だった派遣登録者は、2008年のうちに399万人まで達していました。
4——一方で、短時間就業で働く自由度を確保しながら、無期雇用として雇用が保障されている場合が多いと思われる無期雇用・短時間就業が450万人に達していることも事実です。
5——ここで紹介する結果は、玄田有史「労働契約・雇用管理の多様化」（川口大司編『日本の労働市場——経済学者の視点』有斐閣、2017年）から引用したものです。
6――表4－3と表4－4は、就業構造基本調査の個票データを用いて、週35時間以上勤務の学卒雇用者のうち、有期雇用契約を「1」、それ以外を0とした被説明変数について、プロビットモデルを用いて推定した分析結果に基づいています。説明変数には、表4－3の個人属性と表4－4の勤め先属性に関する上記変数をすべて含めるかたちで推定しました。
7――第2章でも述べたとおり、大学や研究機関において有期契約で働く研究者や国が指定した高収入の高度専門職については、有期契約から無期契約への転換ルールの年限は、通常の5年ではなく、例外措置として10年に延長されています。
8――詳しくは、濱口桂一郎『若者と労働――「入社」の仕組みから解きほぐす』（中公新書ラクレ、2013年）をお読みいただければと思います。
9――労働者や企業の属性の違いをコントロールして分析すると、無期雇用よりは、むしろ1年超5年以下の有期契約を結んでいる雇用者に対して、より積極的に訓練がなされるといった傾向も確認されました。このような結果が得られた理由として、無期雇用も初期段階では企業による訓練が施されるものの、長期の無期雇用には既に訓練機会の提供が終了している場合も含まれることなどが考えられます。
10――詳しくは小池和男『「非正規労働」を考える――戦後労働史の視角から』（名古屋大学出版会、2016年）をお読みください。
11――全国就業実態パネル調査では、就業構造基本調査とは、有期契約年数の区分が異なっており、「1か月未満」「1か月以上1年未満」「1年以上3年未満」「3年以上5年未満」「5年以上」と設定されています。このうち1カ月未満と3年以上5年未満の回答者が相対的に少なくなっていたため、表ではそれぞれ6カ月未満と、3年以上のなかにまとめて示されています。

第5章

契約期間の不明

多数の「わからない」

かつて雇用契約については、1年以内の「臨時雇・日雇」と、1年超の契約期間と期間の定めのない場合の両方を含む「(一般)常雇」という捉え方が一般的でした。

表5−1の上側にあるのは、2007年まで用いられていた就業構造基本調査の調査票の一部です。ふだん仕事をしていると答えた人には最初に、勤めか自営かの別等が問われています。そのなかで、雇われている人は、常雇、臨時雇、日雇から一つを選んで回答していました。

それが5年後の2012年調査からは、実際の雇用契約期間を細かく回答してもらうように変更されています。調査を実施する総務省統計局は、回答のかたちの変更を検討していた際、新たにどのような設問にするかを決めるための予備的な調査を行い、その結果を踏まえて正式な調査内容を決定することにしました[1]。

予備調査は小規模なものでしたが、実際の雇用契約期間の設定は実にさまざまであることが、まず確認されました。さらに驚いたのは、自分の雇用契約期間が「わからない」という回答者が多数にのぼっていたことでした[2]。

第2章でみたとおり、労働基準法では労働条件の書面明示を通じて、すべての雇用者は自分の雇用契約期間を正確に認識していることになっています。しかし、2009年に厚生労働省が実施した「有期労働契約に関する実態調査」の結果をみても、有期雇用者のうち、契約の際、契約

表5-1　就業構造基本調査の調査票の一部(2007年)

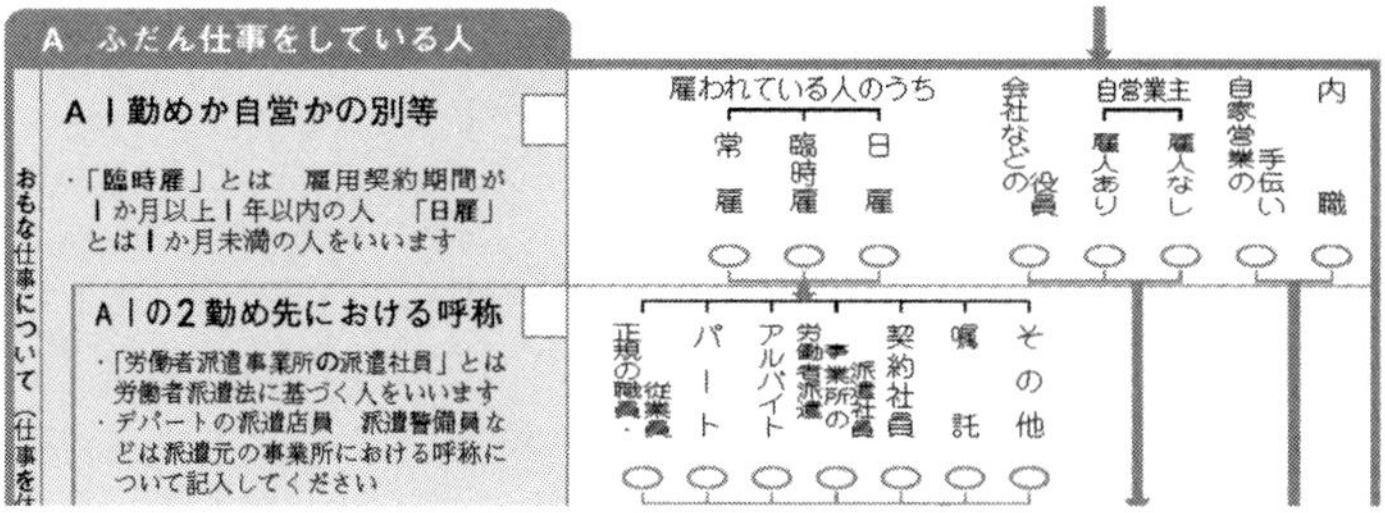

就業構造基本調査の調査票の一部(2012年)

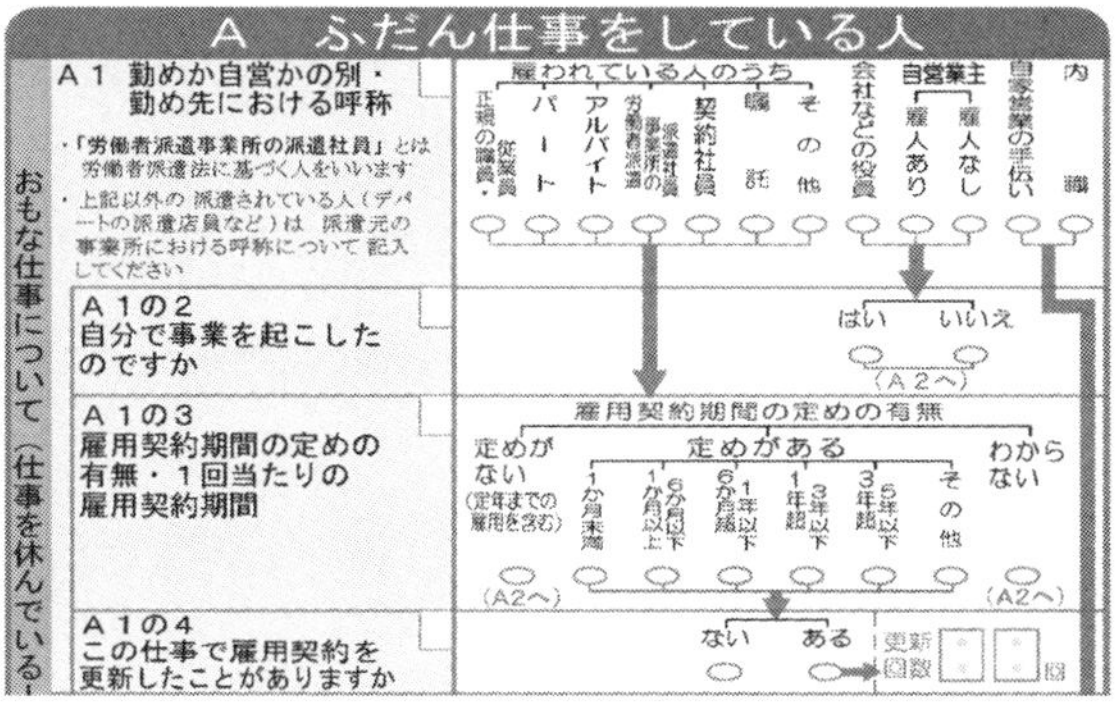

期間が書面で明示されたのは90・6%と、100%にはなっていませんでした。さらに契約期間を明示しているかどうかを事業所にもたずねたところ、7・0%は明示していないと答えていました。

これらの結果から、労働基準法に定められた労働条件の明示義務が、実際には多くの雇用契約において守られていないために、契約期間が不明な人々が少なからず存在する可能性が浮かび上がってきたのです。法律上は契約期間がわからないという人がいてはいけないはずです。しかし、わからないという人が多数いる事実が生じている可能性は否定できません。どのように対処すべきかを慎重に検討した結果、総務省統計局では2012年の就業構造基本調査において、契約期間が「わからない」という場合も、選択肢の一つに加えることにしたのです。

その調査票が、表5-1の下側になります。契約期間が不明の人々の存在を無視しないことに決めたのは、統計局の的確な判断だったと感じます。もしそのような調査がなされていなければ、自分の雇用契約期間がわからない人たちの存在は、政府の統計のなかでずっと見過ごされ続けることになったでしょう。

ちなみに2017年に実施された就業構造基本調査では、期間の定めがあるかないかが「わからない」場合に加えて、定めがあるけれども「期間がわからない」場合も調べるかたちに、さらに変更されています。[3]

４４５万人の衝撃

では、実際に自分の雇用契約期間がわからない雇用者（以下、「期間不明者」と呼ぶことにします）は、どのくらい存在していたのでしょうか。

表５－２には、役員を除く雇用者全体と雇用形態の呼称別に期間不明者数が示されています。ここからは、**契約期間が不明の雇用者数が、実に４４５万人にも達している**ことがわかります。

表5-2　契約期間不明の雇用者数
（万人、カッコ内は構成比〔%〕）

		雇用契約期間が「わからない」
雇用者全体（役員除く）		445 (8.3)
正社員		121 (3.7)
非正社員		323 (15.8)
「非正社員」に分類の呼称内訳	パート	135 (14.1)
	アルバイト	128 (29.1)
	派遣社員	16 (13.1)
	契約社員	19 (6.7)
	嘱託社員	6 (5.3)
	その他	20 (16.6)

資料：総務省統計局「就業構造基本調査」（2012 年）

期間不明者は、雇用者全体の８・３％を占めています。

雇用の安定を実現するための法律や政策などの多くは、働いている人の誰もが自分の雇用契約期間を明確に認識していることが大前提です。有期雇用の無期転換ルール、有期契約期間中の解雇の制限、派遣労働者に対する雇用安定措置など、いずれも契約期間がどうなっているかが、制度利用の重要な決め手になります。しかしながら、もし自分の雇用契約期間がわからないとすれば、どのようなかたちで雇用安定のためのルールが適用されるのかということすら、判断できません。そしてそのような判断が困難な状況にある可能性が、４４５万人もの雇用者に及んでいるのです。

　ですが４４５万人といわれても、すぐにはピンと来ないかもしれません。働くことに関連するところでは、仕事を探しており、みつかればすぐに仕事につける無業者を意味する完全失業者は、２０１７年７月時点で１９１万人です。さらに15歳から34歳のフリーター人口は[4]、２０１６年時点では１５５万人と試算されています（いずれも労働力調査）。これらに比べても、期間不明者がいかに多数にのぼっているかが、わかります。

　期間不明者は、正社員のなかにも１２１万人含まれています。それは期間の定めのない無期契約であることが、事前にはっきりと示されていない人、すなわち状況によって契約が即座に終了されるかもしれないと思っている人が、正社員にも含まれていることを意味しています。

　ただ、期間不明者がなんといっても多いのは、正社員以外の人々です。期間不明者は３２３万人にのぼり、非正社員全体の15・8％に達しています。非正規雇用者のうち、特に深刻な状況にある人々として「不本意非正規」という存在が指摘されることがあります。不本意非正規とは、正社員以外の雇用者のうち、仕事についた主な理由が「正規の職員・従業員の仕事がないから」と答えた場合を指します。このような不本意非正規は、非正規雇用労働者全体のうち、15・6％

（2016年平均）を占めるといわれています。期間不明者は、不本意非正規と必ずしもイコールではありませんが、少なくともその規模は同程度に達するほど大きいのです。

非正社員のうち、特に期間不明が多いのは、呼称がアルバイトの雇用者です。アルバイトのうち29・1％が、自分の雇用契約期間がわからないとしています。正社員ではないものの、特定の呼称が与えられていない「その他」の非正社員でも16・6％を占めているほか、パートで14・1％、派遣社員で13・1％と、いずれの雇用形態でも10人に1人以上が期間不明の状態に置かれています。

これだけ多くの期間不明者が存在していたにもかかわらず、統計による把握が始まる以前には、まったくと言っていいほど問題にされてこなかったのです。

不明の多い職場

では、期間不明者は、どのような職場に多いのでしょうか。

2012年実施の就業構造基本調査では、詳細な産業区分を用いて雇用契約期間別の雇用者数を分類した結果を公表しています。そこから、雇用者に占める期間不明者の割合が特に高い業種ランキングを示したのが、表5－3です。

まず一番多いのが、家事サービス業の37・0％です。家事サービス業とは、家政婦（夫）や家事手伝い、お手伝い（ハウスメイド）等として働いている人たちにかかわる業種を指しています。

表5-3　雇用契約期間不明の割合が高い業種

順位	産業	不明割合（%）
1	家事サービス業	37.0
2	酒場，ビヤホール，バー，キャバレー，ナイトクラブ	31.8
3	持ち帰り飲食サービス業	27.7
4	その他の飲食料品小売業	25.7
5	その他の飲食店	24.2
6	その他の娯楽業	23.5
7	学習塾	22.7
8	その他の洗濯・理容・美容・浴場業	22.0
9	食堂，そば・すし店	21.9
10	喫茶店	21.5
11	遊戯場	19.5
12	菓子・パン小売業	18.3
13	教養・技能教授業	17.9
14	療術業	17.1
15	料理品小売業	16.1
16	興行場，興行団	15.9
17	その他の織物・衣服・身の回り品小売業	15.8
18	書籍・文房具小売業	15.7
19	分類不能の産業	15.6
20	酒小売業	15.5

資料：総務省統計局「就業構造基本調査」（2012年）

調査によれば2012年時点でも3700人が家政婦として働いていました。家庭という職場の性格上、家主にも家政婦などにも、一般の職場のような雇用契約という感覚は持ちにくく、結果的に労働条件明示の義務が及びにくいことが、期間不明が多い理由として考えられます。

次いで期間不明が多いのは「酒場、ビヤホール、バー、キャバレー、ナイトクラブ」に分類される職場で、雇用者の31・8%が期間不明者となっています。この業種には24・2万人が全国で雇用されており、うち7・7万人が期間不明です。

これらの業種の中身は、安易にひとくくりにすることはできませんが、それでも多くの場合、いわゆる「水商売」と呼ばれる業種が含まれていると考えられます。辞書によれば、水商売は「客の人気によって成り立ってゆく、収入の不確かな商売の俗称。待合・貸座敷・料理店・バー・キャバレーの類」（『広辞苑』岩波書店）などとされています。客入りの先行きが不透明であり、かつそれが経営や収入に直結する水商売では、人を雇うとしても明確に先々の約束をすることは難しく、そのために雇用契約も曖昧にすることが半ば常態化していることも多いのかもしれません。

三番目に多い「持ち帰り飲食サービス業」には、持ち帰りの弁当屋、総菜屋、移動販売などが含まれますが、こちらも客入りの変動が大きく、収入も不安定になりやすい業種といえるでしょう。コンビニエンスストア（飲食料品を中心とするもの）は「その他の飲食料品小売業」に含まれますし、「その他の飲食店」として総務省が設定した日本標準産業分類で例示しているのは、ハンバーガー店、お好み焼き・焼きそば・たこ焼き店、サンドイッチ、アイスクリーム店などです。これらは先にみたアルバイトが主な働き手となることの多い職場です。「食堂、そば・すし店」「喫茶店」「料理品小売業」「酒小売業」など、飲食の提供にかかわる仕事に就いている人のなかに期間不明が多いことも、特徴といえます。

その他、カラオケボックスなどを含む「その他の娯楽業」、ゲームセンター、エステ、ネイルなどの「その他の洗濯・理容・美容・浴場業」、パチンコホール、ビリヤード等の「遊戯場」、劇場、劇団などからなる「興行場、興行団」といった、個人の趣味や娯楽と関連の深い業種でも、期間不明の割合が高くなっています。「客商売」といわれることも多い「客のもてなしを主とする商売」(『広辞苑』)に期間不明が多いことは、やはり経営の不安定さが、不確かで曖昧な雇用契約を誘発しやすいことを物語っているといえるでしょう。

さらに表5－3をみると、2010年代に違法な労働を雇用者に強要する「ブラック企業」であるとして、インターネットなどで指摘されることのあった会社に関連する業種も、少なからず含まれているといった印象を受けます。**雇用契約期間が明示されていないために期間不明であるとすれば、それは明らかに法律に反する行為です。その意味でも期間不明が多発している職場は、違法性が高いという意味で「ブラック」である可能性は高い**でしょう。

一般にも広がる期間不明

以上の状況から、期間不明は、水商売や客商売などの不安定な業種の一部や、違法なブラック企業に限定的にみられるものと思われるかもしれません。しかし、実際には特定の業種を超えて、期間不明は広くみられます。

表5－4には、産業大分類別に役員を除く雇用者に占める期間不明者の割合を示しました。たしかに表5－3に示された業種を多く含む「宿泊業、飲食サービス業」で19・8％、「生活関連

サービス業、娯楽業」では14・0%と、突出して期間不明が多くなっていることがわかります。加えて「分類不能の産業」でも15・6%と期間不明が高くなっています。表5－3に多くみられた「その他」という表現もそうですが、分類不能やその他に分類される業種は、過去になかった新しいビジネスであるといった理由で、十分にその存在が社会的に認知されていないことも多いようです。労働に関する法律の知識を十分に持たないまま新規に開業した経営者は、労働条件明示のルールを知らないまま、雇用者を雇うといったケースも

表 5-4　期間不明割合と産業全体に占める就業者数の割合
（産業大分類別、%）

	期間不明割合	就業者割合
産業全体	8.3	100.0
農業，林業	11.5	1.3
漁業	11.7	0.1
鉱業，採石業，砂利採取業	5.3	0.0
建設業	9.0	6.2
製造業	5.9	18.2
電気・ガス・熱供給・水道業	1.6	0.6
情報通信業	4.2	3.2
運輸業，郵便業	7.0	6.0
卸売業，小売業	10.7	15.6
金融業，保険業	2.3	2.9
不動産業，物品賃貸業	6.9	1.5
学術研究，専門・技術サービス業	5.1	2.8
宿泊業，飲食サービス業	19.8	5.8
生活関連サービス業，娯楽業	14.0	3.2
教育，学習支援業	5.2	5.0
医療，福祉	7.3	12.5
複合サービス事業	2.9	1.0
サービス業（他に分類されないもの）	8.6	6.3
公務（他に分類されるものを除く）	1.0	4.1
分類不能の産業	15.6	3.7

出所：総務省統計局「就業構造基本調査」（2012 年）
注：　　は、期間不明割合が産業全体の平均を上回る業種。

少なからずあるのかもしれません。

ただ、これらの産業に限らず、産業全体に占める就業者数の割合が製造業に次いで多い「卸売業、小売業」でも期間不明は10・7%と高くなっています。その他、産業全体よりも期間不明割合が高い業種は「農業、林業」「漁業」「建設業」「サービス業（他に分類されないもの）」など広い範囲にわたっています。これらの期間不明割合が産業全体よりも高い業種の就業者構成を足し合わせると42・2%となり、少なくない雇用者に及んでいると考えられます。

一方で、期間不明割合が突出して低い業種もあります。「電気・ガス・熱供給・水道業」（1・6%）、「金融業、保険業」（2・3%）、「公務（他に分類されるものを除く）[6]」（1・0%）などです。これらは、無期契約による安定的な雇用が保障されていたり、他の業種に比べても給料が高いことが概して多い産業です。

さらに表には示されていませんが、期間不明の割合が低い職業を調べてみると、労働問題に詳しい「社会保険労務士」（0・0%）、「消防員」（0・2%）、「警察官、海上保安官」（0・4%）、「自衛官」（0・7%）、「裁判官、検察官、弁護士」（0・9%）などが含まれていました。

収入や雇用の不安定を心配することの少ない産業や業種で働く人にとってみれば、期間不明者が445万人も存在するのを想像することすら、むずかしいかもしれません。しかし、自分たちが消費者として日ごろサービスや商品の提供を受けている業種が、自分の雇用契約期間もわからず、将来が見通せないまま働いている人々によって支えられているという想像力くらいは必要でしょう。

若者に多い期間不明

ここまで期間不明と雇い手側の業種との関係をみてきました。では、雇われる側として、期間不明になりやすい人には、どのような特徴がみられるのでしょうか。

まず多くの方に知っていただきたいのは、**年齢の若い人々ほど雇用契約期間がわからないまま働いていることが多い**という事実です。

図5－1は、期間不明者の割合を年齢区分ごとに示したものです。期間不明割合は、各年齢の雇用者全体に占める割合と、非正社員に限定した上での割合の両方を求めました。

まずわかるのは、15歳から19歳までの、働いている雇用者に占める期間不明割合の突出した高さです。そのなかでは、32・4％と、およそ3人に1人が自身の契約期間を認識していないのです。10代の雇用者には、学校を卒業後に就職した「学卒雇用者」のほか、学校に通いながらアルバイトで働いている「在学中」の場合も少なくありません。就業構造基本調査（2012年）によれば、10代の学卒雇用者は38・7万人であったのに対し、在学中の雇用者はそれより多い53・9万人いました。後者のうち、51・9万人がアルバイトで働いていました。

このようにアルバイトで働いている場合が多いことも反映し、10代の非正社員においては期間不明割合が40・3％にまで達しています。10代の若者が非正社員で働く場合、雇用者全体と比べ

図5-1　年齢区分ごとの期間不明割合

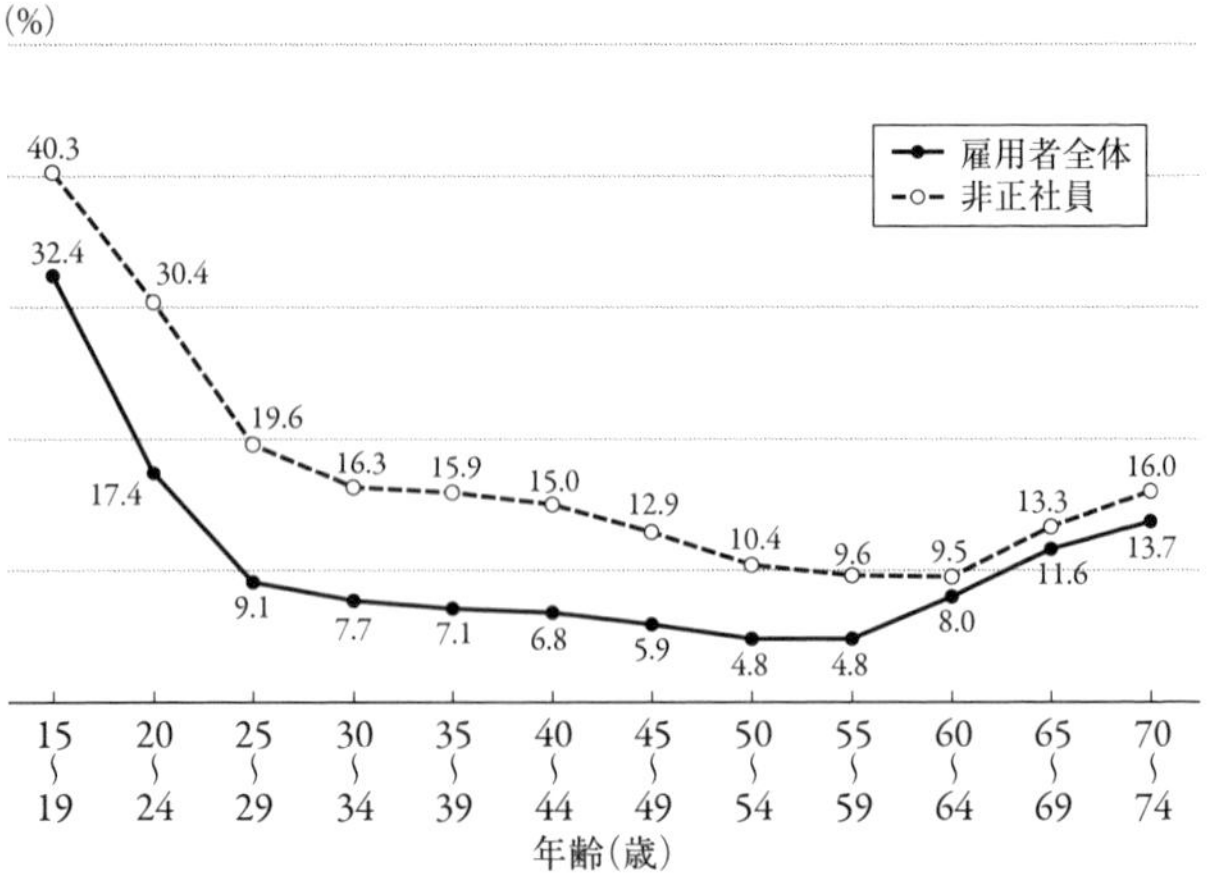

出所：総務省統計局「就業構造基本調査」（2012年）

て期間不明割合が、およそ5倍も高くなっているのです。

10代に限らず、20歳から24歳の若者でも期間不明の割合は高くなっています。20代前半の非正社員の30・4％が期間不明であるだけでなく、学卒後の正社員を含めた場合でも17・4％と、雇用者全体の8・3％より2倍以上も不明割合が高いことがわかります。

大学院や専門学校などに通っている場合を除いて、多くが学卒雇用者である20代後半から50代にかけて、期間不明割合は徐々に低下していきます。それでも期間不明割合が最も低い50代ですら、4・8％は契約期間がわからないと答えています。さらに20代後半から50代には非正社員として働いている場合も少なくありませんが、いずれの年齢区分でも少なくとも1割程度は期間不明の状態にあります。期間不明は10代や20代前半の若者に突出していますが、若者だけに限定された問題であると言い切ることはできないのです。

さらに図5－1で気になるのは、60代以降になると、ふたたび期間不明の割合が高まっていることです。60歳を過ぎると定年退職し、嘱託社員などのほか、非正社員として働く人々も増えていきます。そのなかには契約期間がわからないまま、新しい仕事につくといった不安定な状況もあるようです。

21世紀に入ったばかりの2001年には50・7％だった60歳から64歳の就業率（人口に占める働いている人の割合）は、2016年には63・6％にまで上昇しています。2000年代初めには3人に1人程度だった65歳から69歳の就業率も、16年には4割を突破しました。人手不足が深刻化するなか、60歳以上の高齢者は今や欠かせない働き手となっています。その一方、後に詳しくみるように期間不明はさまざまな問題と直結しており、雇用契約が不明瞭な高齢者が、今後少なからずトラブルに巻き込まれることも懸念されます。

不明の背景

法律上はすべての雇用者が自分の契約期間を認識していなければならないはずなのに、これほどまでに「わからない」が多くみられることには、どのような背景があるのでしょうか。

一つには、業種別の状況をみたときに指摘したとおり、先のみえない不安定な経営状況が期間不明を生み出していることが考えられます。数年先にも経営を続けていられるかも見通せないような状況では、期間の定めのない雇用どころか、1年を超えた契約を結ぶことさえ、経営者にはためらわれます。

だとすれば、臨時雇や日雇などのかたちで期間を明確にして雇えばよいと思われるかもしれません。しかし、最初から短期の契約と言ってしまうと、優秀な働き手が集まらないことも経営者は心配します。もし幸いにも経営が順調に進めば、雇用者を確保する必要も出てきます。このような思いもあって、経営が不安定な使用者は、あえて雇用者に契約期間をできる限り明確にしないまま、使い勝手がよいように働いてもらう状況を作り出そうとしている可能性もあります。

このように考えると、期間不明が一部の業種にとどまらない理由も、ある程度、理解できます。1990年代後半以降の「失われた10年」とも「失われた20年」とも呼ばれた長期不況を経験し、「先行きが不透明」「不確実性の増大」「閉塞感」といった先の見えない経営状況を表す言葉を、業種を問わず、多くの経営者が口にするようになりました。そんな経営者の未来への不確実な認識を前提とし、将来のどんな状況にも対応できる最善の雇用戦略が「雇用契約の中身をできる限り曖昧にしておく」ことになったとも考えられます。

それは言い換えれば、将来の見通しが明確にならない以上、どんなに法律で義務付けられたとしても、期間不明を含む曖昧な雇用契約は、つねにどこかの職場で発生しているおそれがあることにもなります。

交渉力のアンバランス

もう一つ、期間不明を生み出す重大な背景があります。それは雇う側と働く側との交渉力の違いです。

この点を、賃金の決定を例に考えてみます。まず経済学では、賃金は労働市場の需要と供給によって決定されると教えます。具体的には、企業による求人が求職よりも多くなると、人手不足が発生し、その結果として賃金が上がります。反対に求職が求人より多く、失業が発生すると、賃金が下がる方向に働きます。このように労働市場の「神の見えざる手」に導かれ、需給を市場が自動的に調整するかたちで、賃金は適当な水準へと自然と落ち着いていくというのです。

しかし、市場の需給調整は、食料品や貴金属などについては、ある程度機能するとも考えられますが、労働については、それほど簡単ではないようです。失業がどんなに増えても、雇用者の賃金は下がらずに高止まりするために失業は一向に解消しないことは、古くから知られてきました。また最近の日本では、深刻な人手不足が長く続いているにもかかわらず、賃金はほとんど上がる気配を見せないままです。[7]

なぜ労働市場では需給を直接反映するかたちで賃金が決まらないのでしょうか。この点について、労働経済学では、賃金は企業と労働者との交渉によって決まるという考え方が重視されています。まず企業と労働者は共同して利益を生み出すことに努力します。そしてその利益が労使にどのように配分されるかは、労使の交渉によって決まり、その結果としての労働者の取り分が賃金として支払われることになるのです。

このとき労使間の交渉力は、さまざまな要因によって左右されます。もし労働者の保有する能力がきわめて希少なものであって、その人が辞めてしまうと利益が大きく減ってしまうような状況では、労働者の交渉力は強くなります。反対に、その人が辞めても同じような能力を持つ人をすぐに採用できるような状況では、労働者の交渉力は弱くなります。また労働者が、そこで働くことを必ずしも望んでいなかったとしても、なんらかの理由で辞めることができないこともあります。家庭の事情で遠くにある勤め先には通えなかったり、近所に転職先がみつからない場合などが、そのような例として考えられます。このような状況では、結果的に労働者の交渉力は弱くなってしまいます。

また過去に何度も人を採用した経験のある企業では、雇用契約の際に果たさなければならない義務については理解しているものです。それに対して、学校を卒業して初めて働く労働者は、企業が守るべき雇用契約に関する法律やルールなどをまったく知らなかったり、よくわかっていないことも珍しくないでしょう。働くことに関する経験や雇用契約に関する情報について、企業に比べて労働者が不足している場合にも、労働者の交渉力は弱くなりがちです。

このように労働者の交渉力が乏しい場合には、どうしても賃金は抑制されがちです。その上、企業の交渉力が労働者のそれに比べて著しく強い状態では、賃金に限らず、雇用契約そのものを企業が有利なように取り扱う余地が生まれる可能性すらあります。

その場合、雇用者には、契約で約束された時間以上働くことを事実上求められたり、そもそも解雇は法律上自由にできないにもかかわらず、辞職に追い込まれるといったことも起こります。職場にいじめやハラスメントがあり、それを止めてもらうよう労働者が望んだとしても、それに対して企業が一向に解決しようとしないまま、そのような状況が続くことも、交渉力の違いとして解釈できます。

そんな**使用者の交渉力の強さによる問題が顕在化した結果の一つが、雇用契約期間が「わからない」**なのです。雇用契約の締結時に、契約期間を曖昧で不明なものにしたまま、働く状況を作り出していることは、不払い残業や不当解雇など、違法性のある働き方が強いられる可能性にもつながります。そう考えると期間不明は、単に契約期間を「知らない」「知らなかった」では済まされない問題であることがわかります。

入社直後から期間不明

期間不明の背景に関する解釈に対し、別の理由を思い浮かべる方もいらっしゃるかもしれません。契約期間がわからないというのは、働く本人のせいではないか、というものです。

雇用契約を結ぶ際に、会社は法律に則って契約期間を含む労働条件を書面ではっきりと示した。雇用者にも確認し、納得をしてもらった。しかしその後、働いているうちに、自分の契約期間を忘れてしまうこともあるのではないか。さらには書面をなくしてしまったり、調査に回答する際に手元になかったために、契約期間がわからないと回答したのではないか。実際、契約期間が不明の雇用者が多数にのぼることを他の研究者に説明したとき、このような理由も考えられるのではないかという指摘を受けたこともありました。

本当にそうなのでしょうか。

もしそれが主たる理由で期間不明の大部分が生じているとするならば、契約期間がわからないと答えるのは、勤め始めて間もない人のなかには少ないはずです。そして契約から時間が経った、勤続年数が長い人のほうが当初契約した期間を忘れてしまい、わからなくなっている人が多いことになるでしょう。

このような予想が妥当かどうかを確かめるため、在学中を除いた学卒雇用者について、会社の勤続年数別に期間不明の割合を求めた結果が、図5－2です。図には、学卒雇用者全体とあわせて、正社員以外の学卒非正規雇用者全体の結果も示されています。

まず学卒雇用者全体でみると、期間不明の割合が最も高いのは、勤続年数が1年未満の人たちです。そして勤続年数が長くなるほど、期間不明の割合は低下していることがわかります。この結果は、入社直後は契約期間の明示を受けておぼえているものの、勤続年数が長くなるにつれて忘れてしまい、わからなくなるという解釈とは明らかに矛盾しています。

さらに図からは、非正規雇用者に限定すると、あらゆる勤続年数区分において期間不明の割合

図5-2　勤続年数別に見た期間不明割合

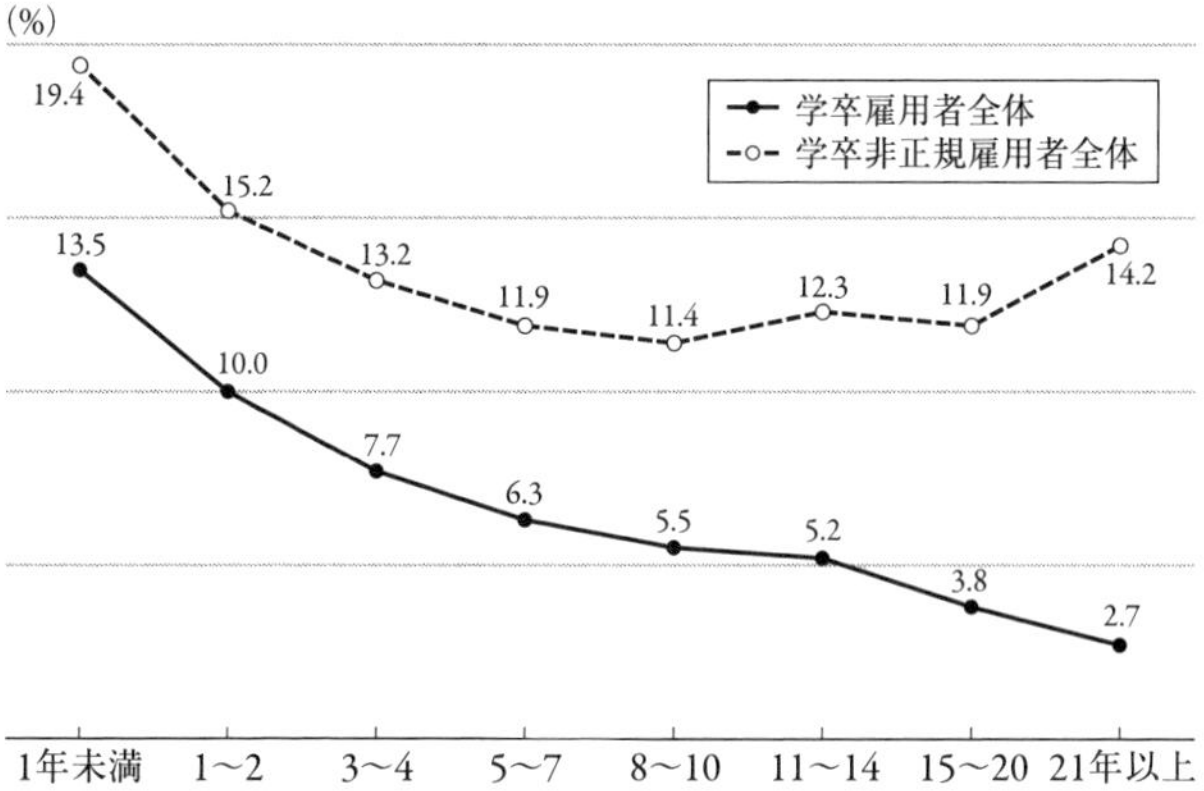

出所：総務省統計局「就業構造基本調査」（2012年）

が高くなっていることも確認できます。なかでも勤続1年未満の非正規雇用者では期間不明割合が19・4%と、およそ5人に1人が入社直後からすでに契約期間がわかっていません。ここからは、やはり入社時の雇用契約を結ぶべき時点において、契約期間が雇用者にはっきりとわかるかたちでは示されていないと考えるほうが自然です。そしてそのような入社直後に契約内容が不明瞭である状況に、非正社員ほど置かれやすいのです。

非正規雇用の場合、勤続年数が長くなるにつれて期間不明の割合が下がっていくといった傾向は必ずしも見受けられません。入社直後に契約期間について十分な説明を受けないまま、ずっと働き続けることを余儀なくされている非正社員も多いのです。

危険にさらされる若者

何度か転職を積み重ね、いろいろな会社で働く経験を持ったり、一つの会社で一定期間働き続ければ、自分にあった働き方が次第にわかるようになってくるものです。と同時に、働くことにまつわるルールも知るようになり、そのルールに則って自分らしい働き方を選ぶこともできるようになったりします。

しかし、学校を卒業した若者が、初めて就職する場合には、働くルールなどをよく知らないまま、働き始めることになりがちです。契約期間を含む労働条件は、事前にはっきりと明示しなければならないことを知らずに働いていることが、入社直後の若者にはとても多いのです。

１９９０年代頃から、若者の「七・五・三」転職という言葉が、よく聞かれるようになりました。学校を卒業し、初めて就職した会社を3年以内に辞める確率が、中学卒で7割、高校卒で5割、大学卒で3割に及ぶという事実を、その言葉は意味していました。その事実は、しばしば「我慢強さ・辛抱強さが足りない若者」のように、若者の職業意識の低さが原因だと解釈されたりしました。ですが、実際には、若者の意識のせいというよりは、不況によって自分が希望するような仕事に就けなかったことによる「ミスマッチ」の面が強かったように思います。

このようなミスマッチは、選べる仕事が不況によって限られることから生じる場合もありますが、仕事や職場の状況に関する情報が若者にきちんと提供されないことでも生じやすくなります。その意味でも、労働基準法で決められた労働条件の明示義務が若者に対して守られていないことも、ミスマッチの原因の一つといえるのです。

こうしたなかでミスマッチによる若者の早期離職を防止するため、２０１５年には新しい法律も作られました。「青少年の雇用の促進等に関する法律」、通称「若者雇用促進法」です。若者雇用促進法では、労働法違反を繰り返している、いわゆるブラック企業がハローワークに求人を出そうとしても、それを一定期間受理しないことになりました。さらに働く個人の労働条件だけでなく、働く職場情報の積極的な提供も求められることになりました。具体的には、新卒募集を企業が行う場合、幅広い職場情報を提供することが努力義務になり、さらに応募者等から求めがあった場合には、（ア）募集・採用に関する状況、（イ）職業能力の開発・向上に関する状況、（ウ）企業における雇用管理に関する状況、の3類型ごとに一つ以上の情報提供が義務付けられました。[8]

仕事や職場の情報が得られないことから、少なくない若者が不安定な状況におかれたり、やむなく転職をせざるを得ない状況に陥ったりしています。そこでは職場情報の提供の広がりに加えて、労働契約の情報明示の徹底が、特に重要なのです。

在学中のアルバイト

学校を卒業して働く以上に、若者にとって期間不明の問題が深刻なのは、在学中にアルバイトをしている場合です。

図5－3に、学校に通っている生徒や学生のうち、アルバイトとして働いている人々に占める期間不明者の割合を校種別に示しました。

ここからは、大学院に通っている場合を除けば、在学中のアルバイトが期間不明者である割合は、いずれの区分でも4割前後に達していることがわかります。雇用者全体での期間不明者の割

図 5-3　在学中アルバイトに占める期間不明者の割合

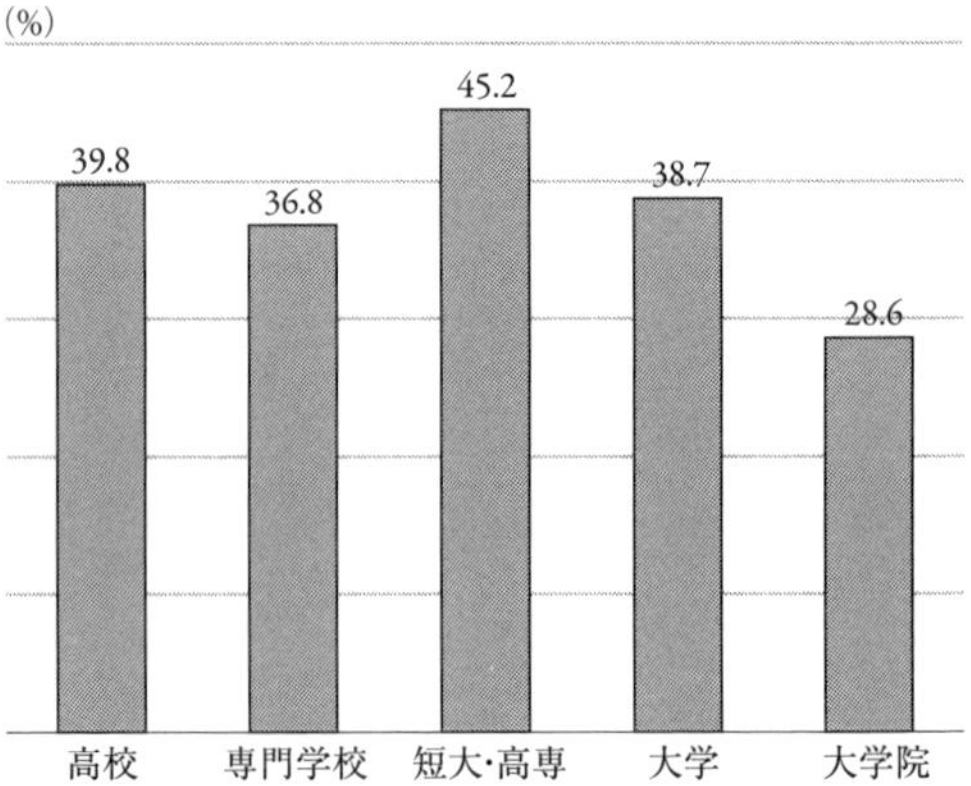

出所：総務省統計局「就業構造基本調査」(2012 年)

合が8%程度だったことを考えると、在学中アルバイトの期間不明のリスクはおよそ5倍も高いことになります。

米国の社会学者で日本の労働問題に詳しいメアリー・C・ブリントンさんは、同じ高校生のアルバイトであっても、米国と日本ではその性格が大きく異なると指摘しています。[9] 米国では、高校生のアルバイト経験は、主体的に仕事を探せたり、親や先生以外の他人と円滑なコミュニケーションが取れると判断され、卒業後の就職の際に履歴書のセールスポイントになるなど、社会的な評価につながることも多いといいます。

それに対して、日本では高校生のアルバイトは、卒業後の就職では、むしろマイナスの評価を受けることが多いと指摘します。アルバイトは、勉学に熱心に取り組んでこなかった証拠とみなされたり、校則では禁止されているアルバイトをやっているということは、職場のルールを守れないのではないかと、むしろ低く評価されるためです。

高校の先生も、アルバイトを禁止している建前がある以上、生徒がどんなアルバイトをしているのか、実態をよくわかっていないことが多々あります。家庭の生計が苦しいのを助けるためにアルバイトをしている高校生の場合、得てして親のほうも子どもの働き方を見守る余裕がありません。高校生が違法なアルバイトをさせられていたとしても、誰もそれを深刻に受け止めることがないため、違法な長時間労働や最低賃金違反など、「労働条件がいいかげんな職場で働くケースがきわめて多い」とブリントンさんは警鐘を鳴らします。

２０１６年に厚生労働省が実施した「高校生に対するアルバイトに関する意識等調査」でも、アルバイト経験のある高校生のうち、60％が労働条件通知書等を交付されていないと回答しています。さらに口頭でも具体的な説明を受けた記憶がない生徒が18％に達するなど、大部分の高校生アルバイトが労働条件について正確な説明を受けていません。そのことが原因の一部となって、33％の高校生アルバイトが、シフトや賃金などの労働条件についてのトラブルを経験しており、深夜業（原則として午後10時から午前5時までのあいだの労働）や休日労働などの法律違反にも、ときにさらされています。

曖昧な労働条件の問題は、高校生のアルバイトだけではありません。専門学校生や大学生のアルバイトでも、高校生と同じくらい期間不明の割合は高く、短大や高専の学生アルバイトでは45・2％が期間不明です。言うまでもなく、学生のアルバイトについても雇用契約である以上、労働法で定められたルールが適用されることになります。しかしながら、アルバイトについては、校種にかかわらず、正式な雇用契約であるという意識が、雇い手に限らず、生徒や学生にも弱いのかもしれません。

在学中に違法な「ブラック・バイト」を強いられ、それが心の傷になって働くこと自体に恐怖や不安を感じ、働くことに希望を失ったり、卒業後もずっと働けなくなるといったことも、ないとは限りません。在学中のアルバイトにも、労働に関するルールが確実に適用されるよう、社会がもっときびしい目を向けていくべきでしょう。

どの学歴にも期間不明

在学中のアルバイトでは、通っている学校の種類にかかわらず、きわめて多くの若者が、曖昧な雇用契約にさらされています。

しかし学歴が本当に大きく影を落としていくのは、学校を卒業した後、特に卒業して正社員とはならず（なれず）に、非正社員として働いている場合です。

図5－4は、雇用者のうち、在学中と卒業後に正社員である場合を除いた、学卒非正規雇用者に限定して、最終学歴別にみた期間不明割合を図示したものです。ここからは、最終学歴が中学卒の雇用者で期間不明割合が20％と、突出して高いことが見て取れます。

中学卒の雇用者の場合、中学校を卒業後にそのまま働いてきたという人も、高齢者のなかには少なくありませんでした。しかし、文部科学省「学校基本調査」によれば、中学卒の高校進学率は、1974（昭和49）年に90・8％に達し、21世紀以降は通信制を含めると98％台にまでなっています。一方で、同じ文部科学省の別の調査からは、2015年度には高校の中途退学者数は4・9万人に及んでいます。最終学歴が中学卒の若い人々には、高校の中退者が相当多く含まれていると考えたほうが自然でしょう。

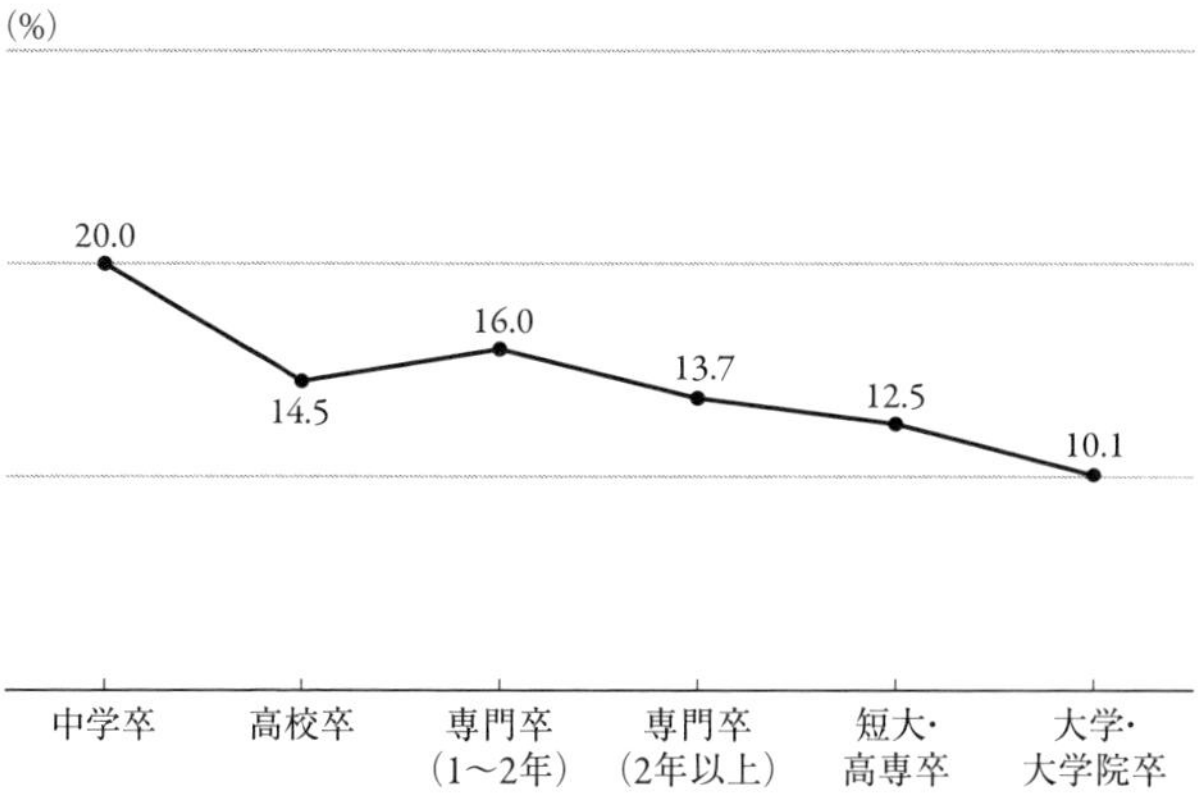

図5-4　最終学歴別に見た期間不明割合（学卒非正規雇用者）

出所：総務省統計局「就業構造基本調査」（2012年）

　そんな高校中退を含む中学卒の人々は、なかなか正社員として雇用されることが難しく、結果的に非正社員になりやすくなります。特に女性の場合には、どうしても仕事がみつからないときには、表5－3でみたような水商売や客商売といわれるところで働くことにもなりがちです。そうなると、自然と中学卒ほど雇用契約の期間不明につながりやすくなります。

　男性の高校中退者でも、高校卒の学歴を必要としない職場を探すとなると、建設現場や卸売・小売業などに就くことが多くなるとすれば、やはり表5－4にあるように、期間不明の場合が多くなっていきます。

　これまで高校中退者は、仕事に就くことを断念している無業者である「ニート」になりやすいことなどが指摘されてきました[10]。高校中退で働こうとしても、雇用契約の明確な仕事に就くことが難しく、さまざまな仕事上のトラブルにも遭いやすくなります。その結果として、働くことに希望が持てなくなり、ニート状態に陥る高校中退者も少なくないようです。

再び図5−4をみると、学校での教育年数が長くなるほど、期間不明の割合はゆるやかに低下しています。しかしだからといって、教育年数の最も長い大学卒・大学院卒でも、正社員になれず、非正社員となった場合には、10・1%が期間不明です。2012年の就業構造基本調査では、大学卒の雇用者のうち、非正社員で働いている人々の割合は18・6%、大学院卒でも11・8%と、一定の割合で存在しています。その意味では、高学歴者であれば期間不明の曖昧な雇用契約を避けられるとは言い切れないのです。

小規模企業と家族主義

期間不明者には、ほかにも明確な傾向があります。その一つが、規模の小さい会社で働いている非正規の雇用者ほど、期間不明になりやすいことです。

図5−5は、学卒非正規雇用者について、会社全体の従業員総数によって区分された企業規模別に期間不明割合を求めたものです。ここからは、企業規模が小さくなるほど、期間不明の割合は高くなるという明確な傾向がみられます。

反対に、従業員が1000人以上の大企業では、期間不明の割合は3・4%と相当低くなっています。大企業には、人事部や人事・労務担当といった、社員の雇用を専門的に管理する部門が必ず設置されています。さらには労働問題に詳しい弁護士などの専門家と嘱託契約を結んでいる会社もあります。新たに採用をする場合も、労働に関する法律を熟知している人々によって、労働条件の書面明示など、契約内容を正しく伝える措置が徹底されています。

その結果として、大企業では期間不明が発生しにくくなっているのでしょう。

大企業ではない中堅規模の企業でも、会社で人事・労務などの雇用管理の仕事に長年就いている社員がいることは多く、その場合にも、労働契約は会社と雇用者の間で適切に結ばれています。その意味では、大企業や中堅企業の社員、特に正社員で働いている人にとっては、契約期間がわからないまま勤め続けている人が日本中に多数存在す

図 5-5　企業規模別に見た期間不明割合（学卒非正規雇用者）

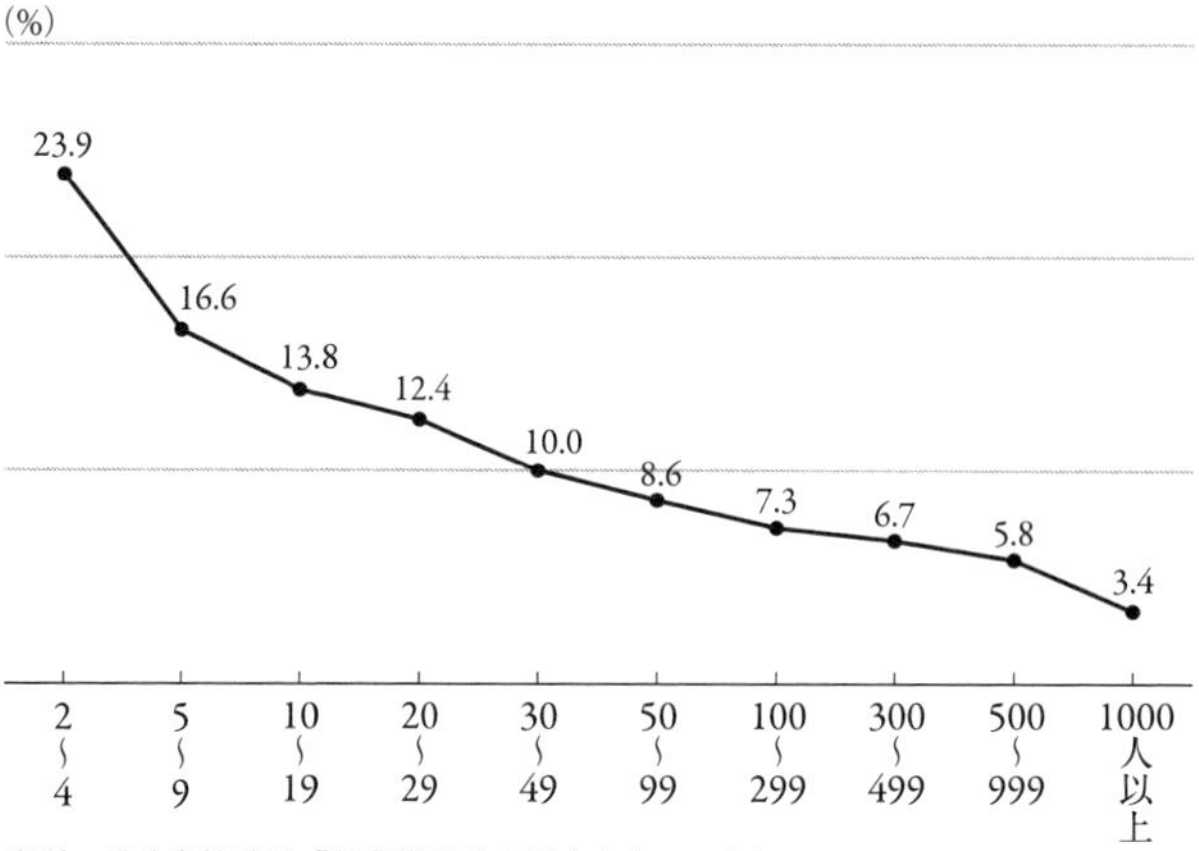

出所：総務省統計局「就業構造基本調査」（2012 年）

る事実は、気づきにくいものとなっています。

ところが、会社の規模が小さくなると、雇用管理を専門に担当する職員がいない場合もあります。雇用管理の責任者がいなければ、社会保険労務士などの労働問題の専門家と契約して代行してもらうことも考えられます。しかしながら、経営状態が芳しくなく、社会保険労務士に嘱託料を払う余裕などないといった小規模企業も多いでしょう。

そうなると、従業員にどれだけの給料を支払うかも含めて、雇用管理はすべて会社の経営者自身が行うことになります。そのとき経営者が、労働基準法などの働くことについての基本ルールを定めた法律をよく知らなかったらどうなるでしょうか。雇用契約時の労働条件明示義務が考慮されない結果、書面の提示もなされず、働く人も「自分の雇用契約はどうなっているのだろう」とわからないまま、とりあえず働き始めるといったことが起こるかもしれません。

実際、このような状況を反映してか、従業員が10人に満たない企業のうち、2~4人企業では23・9%、5~9人企業では16・6%と、突出して期間不明の割合が高くなっています。学卒非正規雇用者全体では期間不明の割合は14・3%なのですが、10人以下のきわめて規模の小さい企業によって、期間不明の割合が大きく引き上げられていることになります。非正規として働く雇用者の約14%は、従業員9人未満で働いており、その割合はけっして小さいとはいえないでしょう。

もちろん小規模企業のすべてで雇用管理が曖昧になっているわけではありません。むしろ一人ひとりの従業員を大切に思って、社員がしっかり納得できるよう、採用に際して労働条件を丁寧に説明している小企業の経営者も珍しくないでしょう。ただ小企業全体の契約期間の状況を統計的に確認すると、規模の小さい企業ほど期間不明が生じやすいリスクがあることは否定できない事実なのです。

本書の「はじめに」で「悪いようにはしないから」という言葉を取り上げました。社員を本当の家族のように思って雇っている会社の社長さんは、本心からその言葉を社員に投げかけることもあるでしょう。契約などということを水臭い、他人行儀だと感じ、書面での明示などを、必ずしもよしとしないのかもしれません。

実際、高度成長期のような時代には、そのような家族主義的な考え方で社員が一致団結し、協力して会社を盛り立ててきたのだと思います。ただし今では、雇用者は契約期間が明確でない職場を信頼できないと、不安に感じることのほうが多いようです。だとすれば、従業員を大切にし、社員にできるだけ長く定着してほしいと望む中小企業であれば、明確な雇用契約を徹底するほうが、むしろ得策のように思います。

非正規雇用と年収

続いて、契約期間が不明であることが、働き手に対するどのような処遇につながっているかを考えてみます。対象は、ここでも学校を卒業し、現在は正社員以外の呼称で働いている学卒非正

図5-6　年間勤め先所得200万円未満の割合（学卒非正規雇用者）

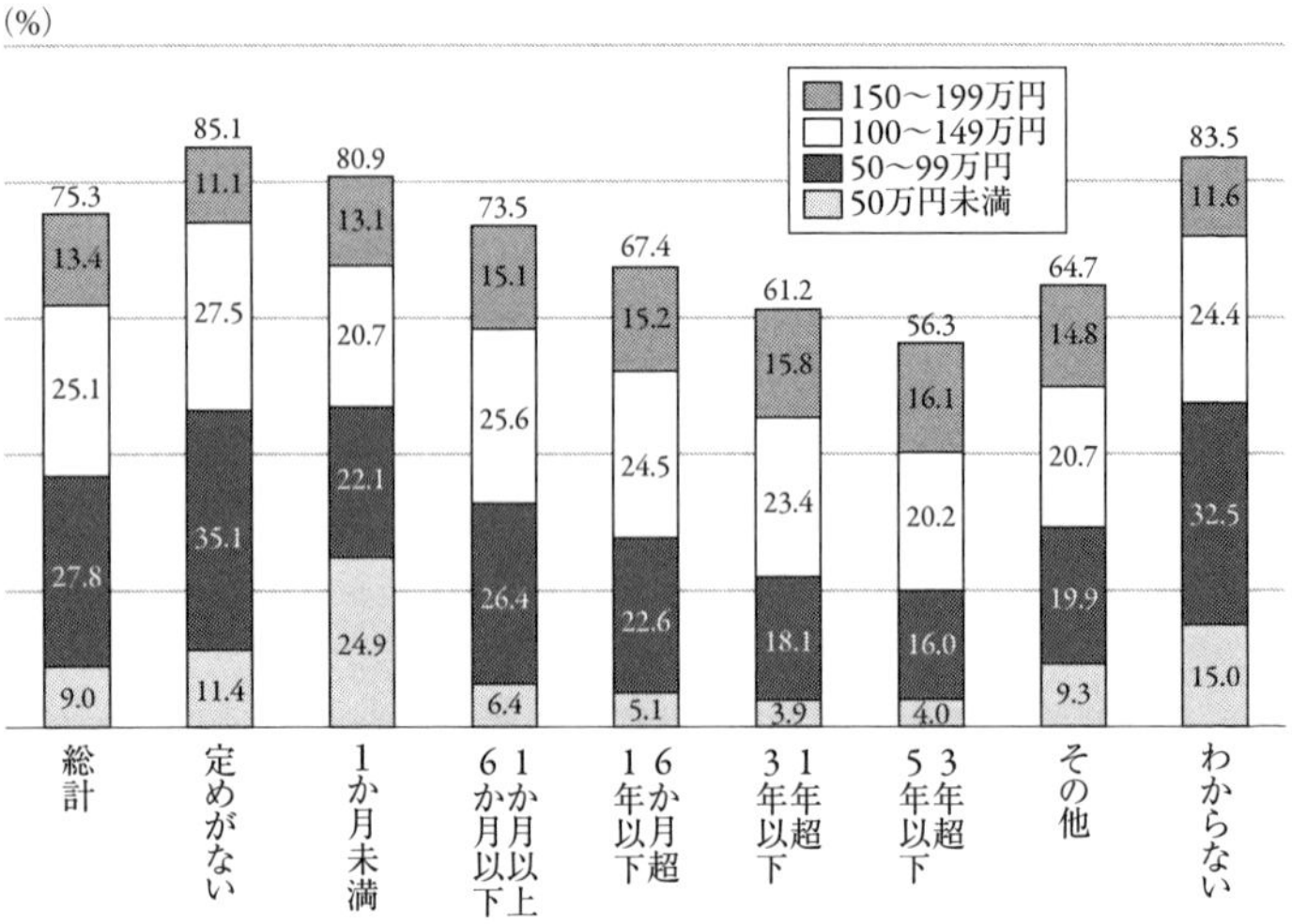

出所：総務省統計局「就業構造基本調査」（2012年）

規雇用者とします。

本章の分析に用いてきた就業構造基本調査では、ふだん仕事をしている人の処遇に関する設問として、現在の仕事からの1年間の収入（税込み）がたずねられています。[11] そこでは具体的な金額を記入するのではなく、「400～499万円」「500～599万円」といった収入区分のなかから当てはまるものを一つ選ぶことになっています。

学卒非正規雇用者の場合、正規雇用者と違って、それほど年収が多くないのが実状です。そこで年収200万円未満の割合を、これまでみてきた雇用契約期間別に求めてみたのが、図5－6の棒グラフになります。したがって、棒グラフが短いということは、年収が200万円以上の割合が高いことを、おおむね意味しています。[12]

棒グラフをみると、200万円未満の割合が一番高いのは、期間の定めのない無期契約の非正規雇用者（85・1％）です。第3章で述べたとおり、非正規雇用者のなかには無期契約で働いている人々が少なからず存在しています。人手不足が続くなかで、専門的な能力を持っている短時間労働者を確保するために、無期契約が非正規でも広がりつつあります。働き手としても、仕事と生活の両立をはかると同時に、将来にわたって安定的に働き続けることを望む場合、無期契約での短時間雇用を志向することもあります。

特に雇用者が安定的な雇用機会を確保できるのであれば、多少なりとも賃金が低くなってもかまわないと考えることもあるでしょう。雇う側も、比較的低い賃金であれば、将来にわたって雇い続けてもかまわないという見込みが生まれます。このような労使双方の思いが重なって、無期契約の非正規は他の契約に比べて賃金が低くなるといった傾向が生じていると考えられます。

加えて図5－6から確認できる特徴としては、有期契約のうち、雇用期間が長くなるほど、年収200万円未満の割合が低くなっているということです（「その他」は除く）。さらに年収200万円未満のうち、相対的に所得の多い150〜199万円の割合も、契約期間が長いほど高くなっています。

このように非正規雇用であったとしても、契約期間が1年を超えるなど長くなればなるほど、仕事からの年収も増加していきます。反対に契約期間が1年以下の場合には、臨時的・一時的な仕事のため、契約が更新されないとすれば、年間就業日数も短くなり、それだけ年収も少なくなりがちです。ここからも、非正規雇用全体の仕事からの収入を底上げするためには、短期間で終了するような仕事を少なくし、有期であったとしても、できるだけ長い期間働ける雇用契約の普及が求められます。

その上で、この図からは、契約期間の「わからない」期間不明者には、年収の低い層が大部分を占めていることが明らかです。年収２００万円未満の割合について、期間不明は無期契約に次いで高い水準にあり、1カ月未満の有期契約よりも高くなっています。期間不明では年収が50〜99万円の層が、無期契約と並んで大きいことも特徴的です。

契約期間が異なることは、年間の就業日数も違ってくるほか、産業、職業、企業規模など、就業先の状況にも違いがみられるでしょう。さらに性別、学歴、年齢などのように雇用者の個人属性のあり方も契約期間ごとに異なります。契約期間が年収に与える影響を正確にはかるためには、これらの就業先や個人属性の違いによる年収への影響を取り除く必要もあります。そこでこれらの影響を統計的に取り除いた上で、契約期間のもたらす効果を計測してみたことがあります[13]。その結果、週35時間未満の短時間労働者のなかでは、契約期間6カ月未満に次いで、期間不明の年収が低くなる傾向を確認することができました。

本章では、経営の見通しが不安定だったり、労働者の交渉力が乏しい場合ほど、期間不明も生じやすいことを述べました。これらは、期間不明という状態を引き起こすことを通じて、非正規雇用者が低賃金に甘んじざるを得ない状況をさらに生み出しやすくする背景にもなっています。

契約期間と能力開発

本章の最後に、雇用者の処遇にかかわる点として、訓練および自己啓発の状況もみておきます。就業構造基本調査には、「この1年間に仕事に役立てるための訓練や自己啓発をしましたか」という設問があります。その上で、訓練や自己啓発をした場合には、「勤め先での研修」「専修学校・各種学校の講座の受講」「講習会・セミナーの傍聴」「通信教育の受講」「自学・自習」などの中から、「勤め先が実施したもの」と「自発的に実施したもの」に分けて、あてはまるものをすべて選ぶことになっています。

この項目の回答状況から、学卒非正規雇用者に関する訓練・自己啓発の実施状況を契約期間ごとに示したのが図5－7です。図では実施状況を「勤め先による」場合と「(雇用者) 自身による」場合に分けています。

図からは、ある程度契約期間が長くなると、非正規雇用者でも勤め先による訓練が実施されていることがわかります。第4章では、有期契約の一般雇用者でも、契約年数が長くなるほど、勤め先から訓練・自己啓発の機会が提供されやすくなることをみました(図4－3)。短時間就業者を多く含む非正規雇用者であったとしても、契約期間が長くなれば、それだけ企業による能力開発の機会を得ることにもつながっています。

図 5-7　訓練・自己啓発の実施割合（学卒非正規雇用者）

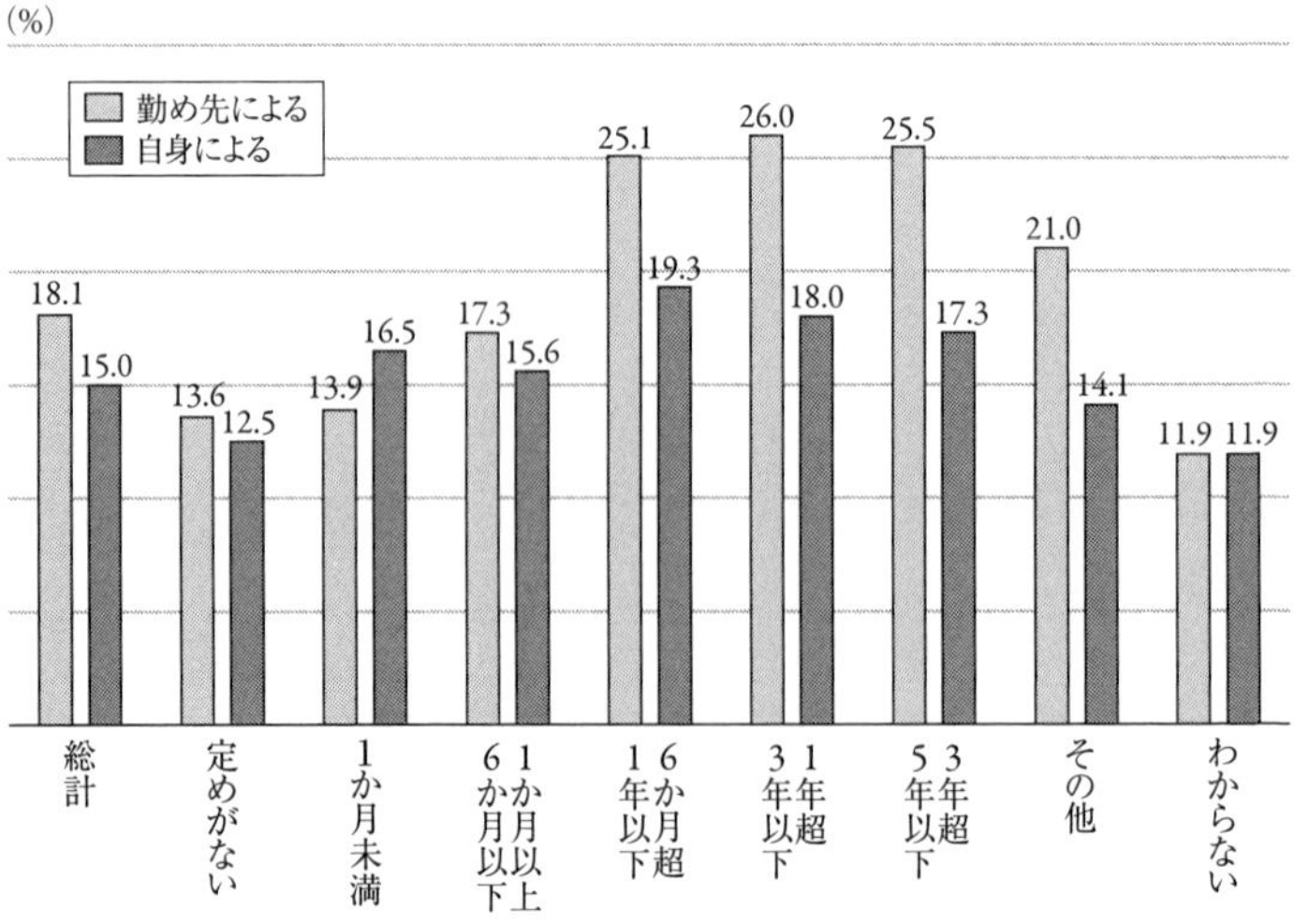

出所：総務省統計局「就業構造基本調査」（2012 年）

その一方、期間不明者のうち、勤め先による訓練・自己啓発を受けたことがある割合は、11・9％と他に比べて圧倒的に少なくなっています。その割合は、1年超3年以下や3年超5年以下の契約期間の半分にも満たない状況です。経営が不安定であれば能力開発のための費用を捻出することが企業には難しくなりますし、労働者の交渉力が弱ければ能力開発の機会提供を求めたとしても、その声が受け入れられることは少ないでしょう。

さらに自分自身による訓練や自己啓発についても、期間不明者はけっして積極的とは言えません。契約期間が1カ月未満や1カ月以上6カ月未満の場合には、次の就職に向けてたえず自身の能力を高める努力も求められますが、そちらと比べても期間不明者自身による訓練・自己啓発は少なくなっています。

こうした勤め先と自身による消極的な能力開発が、雇う側の経営不安定や雇われる側の交渉力の弱さとならんで、期間不明者が甘んじて低賃金を受け入れざるを得ない状況を生み出す、もう一つの背景にもなっています。

次章では、本章と異なるデータに着目することで、期間不明者がおかれている深刻な状況をさらに詳しくみていきます。

1――その過程では、統計局が実施する雇用失業統計研究会のメンバーに私も加わり、検討に参加していました。

2――詳細については、総務省統計局ホームページ内「研究会・懇談会」のなかにある平成21年度雇用失業統計研究会（第2回）の資料を参照のこと。

3――同じように労働力調査でも2018年1月以降は、雇用契約期間について、定めがあるかないかが「わからない」、定めはあるものの「期間がわからない」をたずねることになりました。これらの調査内容の変更を通じて、今後は期間不明についてもっと注目が集まることが予想されます。

4――ここでいうフリーターは、男性卒業者および女性未婚卒業者のうち、「勤め先の呼称がパートか、アルバイトの雇用者」「パート・アルバイトの仕事を探している完全失業者」「希望する仕事がパート・アルバイトである家事・通学を除いた非労働力人口」として把握されたものをいいます。

5――総務省統計局「労働力調査（詳細集計）」（平成28年平均）。

6――他に分類されるものとしては、官公署のうち、農水産物を含む食料品の生産、配布、売買を行っていたり、公共の建設工事を施工管理していたり、鉄道運送などにかかわるサービス業務を行っている場合などが含まれます。

7――この問題に興味のある読者は、玄田有史編『人手不足なのになぜ賃金が上がらないのか』（慶應義塾大学出版会、2017年）をお読みいただければと思います。

8――（ア）については、過去3年間の採用者（男女別）や離職者数、平均勤続年数、（イ）は研修、自己啓発支援、メンター制度、キャリアコンサルティング制度の有無、（ウ）は前年度の月平均所定外労働時間実績、有給休暇平均取得日数、育児休業取得者数、管理職に占める女性の割合などの項目から、それぞれ一つ以上の提供が求められています。

9――メアリー・C・ブリントン『失われた場を探して　ロストジェネレーションの社会学』（NTT出版、2008年、第5章）を参照のこと。

10――玄田有史『働く過剰　大人のための若者読本』（NTT出版、2005年）などを参照のこと。

11――仕事に就いて1年未満の人は、1年間の見積額を選ぶことになっています。

12――「おおむね」というのは、設問に未回答の場合も一部であるからです。

13――詳細は玄田有史「労働契約・雇用管理の多様化」（川口大司編『日本の労働市場――経済学者の視点』有斐閣、2017年）を参照のこと。

第6章

期間不明のさらなる考察

契約期間の詳細

新しい事実を正確に発見しようとするとき、大切なことがあります。それは、限られた情報源だけに頼らないということです。同じような事実が、異なるデータや異なる見方によっても確認できてはじめて、それは「客観的な事実」となります。

第5章では、2012年に総務省統計局が実施した就業構造基本調査を用いて、自らの雇用契約期間が不明である人々の状況を考察しました。そこで観察された事柄が、客観的な事実といえるかどうかを確かめるには、別の統計調査による検証が求められます。

そこで本章では、第3章や第4章でも注目した、リクルートワークス研究所が2016年に実施した全国就業実態パネル調査を用いて、期間不明についてさらに深く考えてみたいと思います。全国就業実態パネル調査には、就業構造基本調査には含まれていないユニークな調査項目が含まれています。これら独自の調査項目の回答状況と契約期間との関係もみていきます。

表6-1は、全国就業実態パネル調査で採用されている契約期間区分の構成を示したものです。調査では、2015年12月時点で雇われて働いている人（役員を除く）について、自らの仕事の雇用契約について「有期雇用契約」「無期雇用契約」「わからない」から一つを選びます。その上で有期雇用契約を選んだ人は、さらに契約期間について「1か月未満」「1か月以上6か月未満」「6か月以上1年未満」「1年以上3年未満」「3年以上5年未満」「5年以上」「わからな

表6-1　雇用形態と雇用契約期間（構成比　%）

		雇用者全体	非正規雇用者
無期契約	期間の定めなし	57.7	9.3
有期契約	1か月未満	1.1	2.6
	1か月以上6か月未満	7.0	17.7
	6か月以上1年未満	8.2	20.1
	1年以上3年未満	7.5	17.7
	3年以上5年未満	1.9	4.3
	5年以上	6.3	9.1
期間不明	有期だが「わからない」	7.9	15.5
	有期か無期か「わからない」	2.4	3.7

出所：リクルートワークス研究所「全国就業実態パネル調査」（2016年）。本章の図表はすべて同調査結果に基づく。
注：計算の際は、調査に付された乗率によって回答サンプルを復元している。以下同様。

い」から一つを選ぶことになります。

以下では、期間不明を、契約が無期か有期かがわからない場合と、有期であるが具体的な契約年数がわからない場合の両方として考えていきます。

雇用者全体では、有期契約だけれども期間がわからない場合が7・9％、有期か無期かがわからない場合が2・4％と、全体で10・3％が期間不明です。2012年の就業構造基本調査では期間不明の割合は8・3％でしたので（表5－2）、それよりは高い割合となっています。また期間不明の内実としては、有期契約ということになっているけれども、一体何年の契約となっているかがわからないケースが多数を占めていることもわかります。

全国就業実態パネル調査でも、雇用者には勤め先での呼称がたずねられています。そこで「正規の職員・従業員」と呼ばれていない非正規雇用者に限ってみてみると、有期だが期間はわからないが15・5％、有期か無期かがわからないが3・7%と、あわせて19・2%に達しています。就業構造基本調査での非正規雇用の期間不明割合は15・8%でしたので、ここでも割合は高めに表れています。

詳しくは、2017年に実施された就業構造基本調査の分析結果を待つ必要がありますが、期間不明の割合が以前よりも増加傾向にある可能性も、ここからは否定できません。

雇用保険への加入

思いがけないことで、急に収入がなくなったりすると、十分な貯蓄がないような場合には、日々の生活を営むことが困難になったりします。急に業績が悪化して会社が倒産したり、やむを得ない事情で会社を解雇される場合のほか、2011年3月11日の東日本大震災直後にも、仕事を続けられない労働者が多数発生しました。

新しい仕事に就こうと転職を試みたものの、職探しが長引き、その間の生活が苦しくなる場合もあります。また会社を辞めないものの、生まれたばかりの子育てに専念したり、親や家族の介護などで一時的に休業をしなければならず、その間、給料の支払いが受けられないことも起こります。

このように仕事ができなくなり、生活が不安定になったときのための制度として設けられているのが、雇用保険制度です。雇用保険制度は、雇用の安定や促進を目的とした公的な保険制度で、雇用者と事業主が支払う保険料によって運営されています。

その保険料を財源に、失業者、就業者、事業主向けに、さまざま給付制度が設けられています。保険に加入している労働者は、雇用保険の適用を受けることで、失業中でも基本手当（失業給付）を支給されたり、公的な職業訓練を受ける機会も与えられます。保険加入の事業主も、景気の悪化によって事業活動を縮小しなければならなくなったとき、従業員の雇用を維持しながら休業や教育訓練を行う場合、雇用調整助成金を受給できることがあります。

事業主は、雇用保険の適用を受けている労働者を一人でも雇っていれば、雇用保険に加入する義務が生まれます。常時雇用されている正社員や一般社員はすべて雇用保険の加入対象になる一方、非正社員が雇用保険に加入する条件は、時代とともに変化してきました。[1] 平成当初は、所定労働時間が週20時間以上であることに加え、[2] 年収が90万円以上で雇用期間も1年以上（見込み）など、加入資格は一部の非正社員に限定されていました。

しかし、保険に加入できない非正社員の雇用が不安定であるという意見が強まったことを受けて、年収要件は２０１１年にはなくなり、雇用期間も6カ月以上（見込み）に縮小された後、現在は31日以上の継続就業見込みまで拡充されています。その結果、非正規雇用でも、制度上は多くが雇用保険の適用対象者となりました。

表６－２は、学卒非正規雇用者について、雇用保険の加入状況を雇用契約期間別に示したものです。表からはまず、学卒非正規全体では、42・６％が雇用保険に加入していることがわかります。適用範囲が拡大したといっても、非正社員の半分以上が雇用保険に加入していないのが現状

表6-2　雇用保険加入と雇用契約期間（構成比　%）

		全体	雇用保険加入	雇用保険未加入	加入不明
	学卒非正規全体	100.0	42.6	46.5	10.8
無期契約	期間の定めなし	100.0	33.2	58.7	8.1
有期契約	1カ月未満	100.0	20.3	68.2	11.5
	1カ月以上6か月未満	100.0	55.4	37.2	7.5
	6カ月以上1年未満	100.0	53.2	39.5	7.3
	1年以上3年未満	100.0	51.7	41.8	6.5
	3年以上5年未満	100.0	42.0	51.0	7.0
	5年以上	100.0	35.8	57.0	7.2
期間不明	有期だが「わからない」	100.0	23.5	53.1	23.4
	有期か無期か「わからない」	100.0	10.3	50.3	39.5

です。[3] 残りのうち、46・5%は明確に雇用保険未加入なのですが、10・8%は加入しているかどうかが「わからない」加入不明となっています。

無期契約のうち、雇用保険の加入率が33・2%と低いのは、所定労働時間が週20時間未満の短時間労働者が多く含まれていることを反映しているからかもしれません。有期契約でも1カ月以上6カ月未満や6カ月以上1年未満、1年以上3年未満などでは、半数以上が雇用保険に加入しています。

これらに対し、期間不明については、雇用保険の加入率が抜きん出て低くなっています。有期契約ではあるが契約年数がわからない場合には加入率が23・5%にとどまるほか、有期か無期かが不明に至っては、10・3%しか加入していません。さらに期間不明で深刻なのは、明確に未加入であるだけでなく、加入しているかどうかすら「わからない」加入不明が、高い割合に達していることです。

期間不明では、31日以上働く見込みがあるのかも、わからないのかもしれませんし、労働条件の書面明示がなく、所定労働時間も設定されていない状態では、保険適用の可否も不明です。実際には労働時間が週20時間以上であり、31日以上就業しているにもかかわらず、雇用保険に加入していない違法なケースが少なからず含まれているならば、深刻な状況と言わざるを得ないでしょう。

仕事からの収入

第5章では、総務省統計局実施の就業構造基本調査から、契約期間別の年収状況をみました。ここではリクルートワークス研究所実施の全国就業実態パネル調査から、仕事からの収入をあらためて検討してみます。

全国就業実態パネル調査では、過去1年間の主な仕事からの収入（税込み）を、万円単位で具体的に記入することを回答者に求めています。そこから、仕事からの年収の平均を、学卒非正規雇用者について、契約期間別に求めた結果が表6-3です。なお、以下の図表では、それぞれの区分に該当する一定数以上の回答者数を確保するため、契約期間は「無期契約」「有期契約1年以上」「有期契約1年未満」「期間不明」の四つに分類することにします。

まず学卒非正規全体では、平均年収は158.5万円となっています。それに対し、最も平均年収が高いのは、有期契約1年以上の171.1万円です。1年以上の有期契約では期間限定で高度で専門的な業務を担う人も含まれるため、技能に見合った年収が支払われていることを反映

表6-3　年収、週労働日数、週労働時間、時給の契約期間別平均値

	年収（万円）	週労働日数（日）	週労働時間（時間）	時間あたり賃金（円）
学卒非正規全体	158.5	4.4	28.7	1,236
無期契約	158.0	4.4	28.1	1,432
有期契約1年以上	171.1	4.4	28.6	1,305
有期契約1年未満	164.7	4.5	30.5	1,220
期間不明	121.8	4.2	25.3	1,045

注：時給を計算する際、労働力調査の結果を踏まえ、非正規雇用の月間就業日数を17.8日と仮定している。

した結果といえます。ただ1年未満の有期契約でも164・7万円と、全体よりは年収が高くなっています。

それに対し、長期の雇用が保障されている無期契約の平均年収は158・0万円と、有期契約よりは低めの水準に抑えられています。その結果は、年収200万円未満の割合は、有期契約より無期契約のほうが高いという第5章の結果とも整合的となっています（図5－6）。無期契約の非正社員は、安定的な雇用が保障される代償として、少ない年収で働くことを許容していることなどが背景にあると思われます。

有期や無期の明確な契約に対し、著しく平均年収が低いのが、やはり期間不明です。その平均年収は121・8万円と、学卒非正規全体に比べて36・7万円も低くなっています。第5章で考察したように、期間不明者が働いている職場は、経営が不安定なことも多く、さらに労働者自身の交渉力が雇い主に比べて弱いこともあって、このように極端に低い年収となっていると考えられます。

ただし、仕事からの年収には、働いた日数や時間が直接的な影

響を及ぼします。契約期間によって就業の日数や時間が大きく異なれば、それらによっても年収は左右されることになります。

そこで表６－３には平均的な１週間の労働日数と週の労働時間についての平均値を示しました。週の平均労働日数は、無期契約と有期契約でほとんど違いはありませんが、期間不明では若干少なくなっています。週の平均労働時間は、有期契約のほうが無期契約よりも長く、無期契約に短時間雇用者が多いことが示唆されます。さらに期間不明は、有期や無期に比べても労働時間は短くなっています。期間不明の年収の少なさには、労働時間の短さも一部で影響を与えていることになります。

そのため、一定の仮定に基づいて週の労働時間と労働日数を用いて年間の平均総労働時間を計算し[4]、年間平均労働時間に対する平均年収として、時間あたり賃金を求めた結果も、表６－３には示しました。

無期契約は、平均年収は少ないのですが、それ以上に就業時間がほかに比べて短い結果、時間あたりの賃金は１４３２円と最も高くなりました。それに次いで１年以上の有期契約が１３０５円と高くなっているのは、やはり専門性の高さを一部で反映していると考えられます。一方、一時的・補助的な業務であることも多い１年未満の有期契約では１２２０円と、学卒非正規全体よりも若干低くなっています。

これらに対し、期間不明は、時間あたり賃金が１０４５円と、全体よりも１９１円も低くなっています。期間不明では、働く日数や時間も短めですが、やはりそれ以上に時間あたり賃金がきわめて低く抑えられていることで、年収も制限されていることが確認できます。

第1章で説明したように、非正社員の賃金が正社員よりも低いことには、さまざまな理由が考えられます。ただ、どのような理由が有力であるにせよ、期間不明が多数にのぼる限り、非正社員全体の賃金は低い状態が続きやすくなります。反対に、**賃金が著しく低い期間不明をできるだけ生み出さないようにすることで、年収、時間あたりの賃金のいずれでみても、非正社員の収入を底上げすることにつながる**のです。

雇用契約の更新

期間の定めがある有期の雇用契約を結ぶ場合、期間を定めることに加えて、更新の有無や、更新があるときにはその判断条件を明確にする必要があります。第2章で紹介した労働条件通知書には、そのための具体的な契約内容が例示されています（図2－1）。有期契約であったとしても、更新を繰り返すことで、長期間にわたって同じ会社で働き続ける場合も、珍しくありません。

表6－4には、学卒非正規雇用について、同一の会社への平均勤続年数が契約期間別に示されています。無期契約の場合、定年まで期間の定めがありませんので、平均勤続年数は当然長めになっています。ただ、それよりも平均勤続年数が長いのが、1年以上の有期契約です。平均勤続年数は7・5年となっており、有期契約は最長限度が原則3年、一部専門職などで5年までとな

表6-4　平均勤続年数と契約更新経験

	平均勤続年数（年）	これまでの契約更新回数（構成比　%）							
		最初の更新まだ	1回	2回	3～5回	6～10回	11回以上	契約更新の慣習なし	わからない
学卒非正規全体	5.8	12.2	9.9	8.7	17.6	10.8	13.8	17.1	10.0
無期契約	6.7	***	***	***	***	***	***	***	***
有期契約1年以上	7.5	10.5	9.8	11.0	20.6	11.5	12.0	21.1	3.6
有期契約1年未満	4.7	14.1	12.5	9.4	21.0	13.7	19.8	5.1	4.5
期間不明	4.8	10.6	2.7	2.1	1.9	1.2	1.0	41.6	39.0

注：期間不明の更新回数は、有期契約ではあるが具体的な契約年数が「わからない」場合が対象。

っていることを考えると、少なくない有期雇用者の契約が実際には更新継続されていると予想されます。

そこで表6－4には、現在の仕事のこれまでの契約更新状況も示しました。無期契約には更新という考え方がありませんので、記述されていません。1年以上の有期契約で最も多いのは3～5回であり、20・6%が更新を繰り返しています。さらに6～10回、11回以上も10%以上あるなど、頻繁に更新されている場合も多いようです。

1年未満の有期契約では平均勤続年数が4・7年と、全体より短くはなっていますが、やはり多くのケースで更新がなされています。契約更新の慣習がない場合は5・1%と少なく、ここでも3回以上の更新が多数を占めるなど、頻繁な更新によって多くの雇用が実際には継続されていることがわかります。

これらに対し、同じく有期契約ではあるもの、契約年数がわからない場合の雇用継続は、きわめて見通しが不透明な状況となっています。期間不明の平均勤続年数は4・8

年と、1年未満の有期契約と同程度の短さです。一方、1年未満の有期契約では多くで契約更新がなされるのに対し、期間不明では契約更新の慣習がない場合が41・6%と最も多くなっています。対照的に有期雇用では多く見られた3回以上の更新はほとんどみられず、1、2回の更新すら限られています。

さらに期間不明について深刻なのは、契約更新があったのかどうかすら「わからない」場合が39・0%にも達していることです。法律に基づいて契約期間と更新の有無が書面で明示されていれば、更新があったのかが不明ということは、本来あり得ません。にもかかわらず、これだけ多くの更新不明が存在することは、やはり雇用契約が曖昧な状況におかれたまま働くことを強いられている非正社員が多数にのぼることを、あらためて物語っています。

将来に対して明確な見通しを持って働けるためには、無期契約であるか、できるだけ長い有期契約期間が設定されることが望ましいでしょう。それが難しい場合でも、契約更新の有無や条件が明らかであれば、事実上、長期間雇用を継続することも可能です。それに対し、契約期間が不明であるだけでなく、更新の可能性すら不透明な状況では仕事に不安を感じるのは当然です。ここにもまた、非正社員の雇用契約のなかには、実際には契約というにはほど遠い不適切な状況が存在することの弊害が表れています。

知識や技術の習得

表6-5　仕事を通じた新しい知識や技術を習得する機会（構成比　%）

	教育プログラムをもとに上司や先輩等から指導	必要に応じて上司や先輩等から指導	他の仕事ぶりを観察することで習得	マニュアルを参考にして習得	機会全くなし
学卒非正規全体	8.3	17.1	9.8	10.6	54.1
無期契約	6.8	15.8	11.1	13.0	53.4
有期契約1年以上	7.0	15.8	10.1	12.1	55.1
有期契約1年未満	9.7	19.8	10.1	10.4	50.0
期間不明	8.3	14.1	8.1	7.4	62.2

注：過去1年間の仕事に関する状況。

一般に非正社員の場合、正社員に比べると、職場での能力開発の機会が制限されているといわれます。そしてそのことが賃金格差などの処遇の違いを生み出しているという指摘もあります。

全国就業実態パネル調査では、仕事を通じて新しい知識や技術を習得する機会があるかどうかについても質問しています。その回答結果が、表6－5です。

まず学卒非正規全体でみると、習得する機会が全くない場合が54・1％となっており、たしかに半数以上が能力開発のチャンスに恵まれていません。ただし、同じ設問への学卒正社員への回答状況をみると、習得する機会がない場合が46・5％となっていました。正社員では半数以上が能力開発のチャンスに恵まれているのは事実ですが、同時に正社員だからといって、すべての人に新しい知識や技術を習得する機会があるわけではないとも言えます。

反対に学卒非正規のうち、知識や技術を習得する機会があるとすれば、「必要に応じて上司や先輩等から指導」を受けるというのが、最も主流になっているようです。契約期間別では、1年未満の有期契約について必要に応じた指導を受ける機会が19・8%と高くなっています。新しく採用された有期契約者には、仕事の段取りなどを理解してもらうための基礎的な指導を行う場合があるほか、先にみたように有期契約でも更新を継続することで事実上長期雇用になる場合も少なくないことから、将来を見込んで指導を行っていることもあるのかもしれません。

無期契約や1年以上の有期契約でも、ある程度は能力開発の機会は提供されているのですが、問題はここでもやはり期間不明です。仕事を通じた新しい知識や技術を習得する機会がない場合が期間不明では62・2%と、無期や有期に比べて突出して高くなっているのです。学卒非正規全体に比べて、必要に応じた指導も少なければ、他の仕事ぶりの観察やマニュアルを参考にした習得機会なども制限されているのが、期間不明の特徴です。第5章では、勤め先による訓練や自己啓発の機会が期間不明では特に少なくなっていましたが（図5－7）、ここで確認された結果は、その事実ともきわめて整合的です。

期間不明で能力開発の機会が制限されている理由として、経営が不安定であることから、教育や訓練に回すだけの時間や金銭の余裕がないということが、まずは考えられます。また雇用者が仕事を通じた学びのチャンスを求めていたとしても、交渉力が乏しいため、その声は経営者に届かないということもあるかもしれません。

学卒非正規のなかでも、期間不明は年収や時間あたり賃金が特に少ない傾向があることもみてきました（図5－6および表6－3）。収入が増えていくには、その背景となる能力開発の機会が充実していることが大切です。しかし、期間不明の場合、そのような機会が著しく制限されており、働き続けたとしても収入が増えていく見通しは持ちにくくなっています。

雇用保険への加入、仕事からの収入、契約更新、新しい技術や知識の習得など、あらゆる面で期間不明者は、困難な状況にさらされています。**誰もが自分の雇用契約期間を認識できるような環境を整備しない限り、非正規雇用全般の状況の改善と底上げは実現しない**のです。

仕事への満足度は？

ここまで契約期間別の処遇の客観的な違いについてみてきました。しかしながら、仕事の価値や働きがいは、賃金の水準などだけで決まるものではなく、働く本人の主観的な意識や感情などによっても左右されます。そこで働き方に関する主観的評価として、仕事への満足状況についても確認しておきます。

表6－6は、全国就業実態パネル調査の設問に含まれる「仕事そのものに満足していた」という項目へのあてはまり状況を記したものです。ここから「あてはまる」「どちらかというとあてはまる」は、学卒非正規のなかでも無期契約が最も多いことがわかります。期間の定めのない安定的な雇用が明確に保障されていることは、仕事への満足に直結しているようです。

表6-6　仕事満足度（構成比　%）

	「仕事そのものに満足していた」				
	あてはまる	どちらかというとあてはまる	どちらともいえない	どちらかというとあてはまらない	あてはまらない
学卒非正規全体	6.6	32.8	36.6	14.7	9.3
無期契約	9.2	39.0	30.5	13.0	8.2
有期契約1年以上	7.2	36.5	35.4	13.4	7.6
有期契約1年未満	5.9	30.7	36.0	16.5	10.9
期間不明	5.8	27.6	43.4	14.0	9.3

注：過去1年間の仕事に関する状況。

次いで満足度が高いのは、1年以上の比較的長期の有期契約の場合です。無期契約ほどではないにせよ、ある程度の雇用継続が保障されていることも、働く場所を探すことをしばらく気にしないでよく、落ち着いて仕事に取り組むことができるという点で、仕事への満足につながりやすいのでしょう。

反対に有期契約でも1年未満となると仕事への満足度は低下します。仮に契約の更新可能性があったとしても、それが自動的に雇用を保障するものでない以上、将来不安は払拭されません。「仕事そのものに満足」に「あてはまらない」「どちらかというとあてはまらない」は、1年未満の短期契約の場合が最も多くなっています。

ただ、1年未満の短期契約よりもさらに仕事への満足度が低くなっているのが、やはり期間不明です。「仕事そのものに満足」に「あてはまる」「どちらかというとあてはまる」の和は、期間不明では33・4%にとどまっており、無期契約に比べると14・8%ポイントも低くなっています。ここからは、期間不明のまま働いている人が、自らすき好んで曖昧な状況で働き続けているわけではないことが、うかがわれます。

ところがその一方で、期間不明は、仕事に対してはっきりと不満を表明しているかといえば、必ずしもそうではありません。「あてはまらない」「どちらかといえばあてはまらない」の和は、先にみたとおり、1年未満の短期契約が最も多く、期間不明は無期契約や1年以上の有期契約を若干上回る程度です。それに比べて期間不明が特に多いのは「どちらともいえない」であり、全体の43・4％が答えています。

この結果は、どのように解釈すればよいのでしょうか。仕事に明確に満足しているわけではない。けれど「他に良い仕事がみつからないのだから仕方ない」「無職でいるよりは仕事や収入があるだけまだマシ」「文句を言ってもどうしようもない」といった諦めにも似た意識が強まると、はっきりと不満を感じる感覚すら弱まったりするのかもしれません。

また期間不明は、1年未満の有期契約のように、使用者がはっきりと短期の雇用であることを告げているわけではありません。むしろ「場合によっては長期の雇用もあり得るかもしれない」という期待を雇用者に巧みに抱かせていると見ることもできます。そのような淡い期待がある限り、いくら賃金が低く、知識・技能を習得する機会が乏しかったとしても、我慢して耐え続けている期間不明者もいるのでしょう。

こうしたなかで、仕事に満足してはいないけれど、かといって明確に不満というわけでもなく、結果的に「どちらともいえない」というのが一番あてはまるということが、期間不明者には起こっているように感じます。

ただ、だからといって、不満が特に多くないのであれば、期間不明でも問題はないと判断するのは早計です。むしろ明確な不満を口にすることすら諦めている複雑な心理状況に多くの期間不明者はおかれているというのが、事実のように思います。

世帯貯蓄との関係

正社員に比べて非正社員の仕事からの収入が少ないことは、よく知られています。全国就業実態パネル調査では学卒者のうち、非正社員の平均年収は158・5万円でしたが(表6－3)、正社員では448・3万円となり、ここでも大きな開きがみられます。

このような非正社員の低い賃金を評価する上では、働く本人のみならず、本人が属する世帯全体で考えてみることも必要かもしれません。正社員の多くは、世帯収入の主たる担い手として、その年収が家族全体の生計を大きく左右したりします。一方、非正社員の場合には、世帯収入の主な担い手は家族のなかに別にいて、あくまで収入を一部補助することを目的に働いている場合もあります。夫が正社員であるのに対して、妻がパートタイムとして働いていたり、同居している親が正社員として働いており、自分は小遣い稼ぎのためにアルバイトをしているような状況が、その一例です。

特に妻がパートなどで働いている場合には「○○万円の壁」といった言葉が、常に話題になります。それは、一定所得以下の配偶者がいる世帯では課税所得を減額する配偶者控除という仕組みと関係しています。たとえばパートの年収が１０３万円を超えると所得税という税金がかかったり、１３０万円を超えると夫の扶養を外れ、妻自身が公的年金や健康保険などの社会保険料を支払う必要が生じます。そこで、税金や社会保険料を支払うことで手取りがかえって減るのを防ぐため、働く日数や時間を１０３万円以内や１３０万円以内に抑えるパート社員も出てくることになります。このようにしてパート社員で働く妻が、働く時間や日数をあえて減らすといった、自主的な調整による境界線を生み出す年収のことを「１３０（１０３）万円の壁」と言ったりします。

ただ、実際に壁を意識して働くことを制限する非正社員がいる一方で、主な世帯収入の担い手として、少しでも多くの収入を得ることを望んでいる非正社員もたくさんいます。シングルマザーとして働いている女性や、支えてくれる家族がいないため、一人で生計を立てている独身者などが、それにあたります。これらの人々は経済的に余裕のないことが多く、収入が少ないことは生活の不安定に直結します。だからこそ、非正社員の問題を考えるときには、その世帯の置かれている経済状況にも目配りをする必要があるのです。

全国就業実態パネル調査では、世帯の経済状況に関する質問として、世帯の貯金額ならびに有価証券の保有額をたずねています。そこで貯金額と有価証券保有額の平均値と中央値を契約期間

表6-7　世帯全体の貯蓄額と有価証券保有額（万円）

	貯蓄額		有価証券保有額	
	平均値	中央値	平均値	中央値
学卒非正規全体	621.6	150	168.9	0
無期契約	611.0	200	158.7	0
有期契約１年以上	754.3	200	242.0	0
有期契約１年未満	581.4	120	146.0	0
期間不明	482.3	100	95.5	0

別に求めたのが表6－7です。[5]

表からは、期間不明は他の雇用契約に比べて、貯金額が平均値、中央値のいずれについても最も少ないことがわかります。比較的年収の多い1年以上の有期契約の雇用者の世帯は貯金額も多いのに対し、年収の少ない期間不明者のいる世帯ほど、家計が苦しい状況も多いようです。有価証券保有額の平均値からみても、期間不明者のいる世帯の家計に経済的余裕が少ないことは容易に想像できます。期間不明に次いで、1年未満の有期契約でも、貯金が乏しくなっています。

期間不明と1年未満の有期契約は、非正規雇用のなかでも特に貧困問題を抱えている可能性が少なくありません。その意味でも、非正規雇用のうち、期間不明と短期契約への対策を重点的に検討する必要があります。

学校時代の成績

就業構造基本調査に基づく第5章での考察からは、期間不明になりやすい雇用者には、年齢の若い人、働き始めて間もない人、大学などに進学しなかった人などの特徴があることをみました。全国就業実態パネル調査からは、学卒非正規雇用者に関する別の特徴も浮かび上がります。

調査では「中学3年生の頃、あなたの学業の成績は、学年全体の中でどれくらいでしたか」という設問があります。経済学や社会学などの研究では、働き始めてからの給料や仕事の状況には、高校や大学などで何を学んだかよりも、幼児や義務教育の小中学生の段階で、どの程度の学力や能力を持っていたかのほうが大きな影響をもたらすという指摘もあります。このような指摘が正しいかを調べるために、中学時代の成績についての質問が調査でも加えられたようです。

年齢が高い人など、人によっては、中学の頃の成績などよくおぼえていないということもあるでしょう。また名門の中高一貫の進学校に通っていたか、近所の公立中学校に通っていたかによって、学校内での成績の持つ意味も違ってくるはずです。ただ、このような注意点はあるものの、中学時代の学力とその後の雇用との関係を考察するための一つの目安として、この設問への回答状況に着目しました。

回答は成績について「上のほう」「やや上のほう」「真ん中あたり」「やや下のほう」「下のほう」から一つ選んでもらうのですが、学校卒業後に正社員で働いているか、そうでないかには、中学時代の成績はそれほど大きな影響を与えていないようです。具体的には正社員の割合が「上のほう」で62・9％、「やや上のほう」が62・0％、「真ん中あたり」62・6％、「やや下のほう」61・6％、「下のほう」60・0％となっていました。成績が下位だった人ほど正社員率は低

図6-1　中学3年時の成績と雇用期間（学卒非正規雇用者）

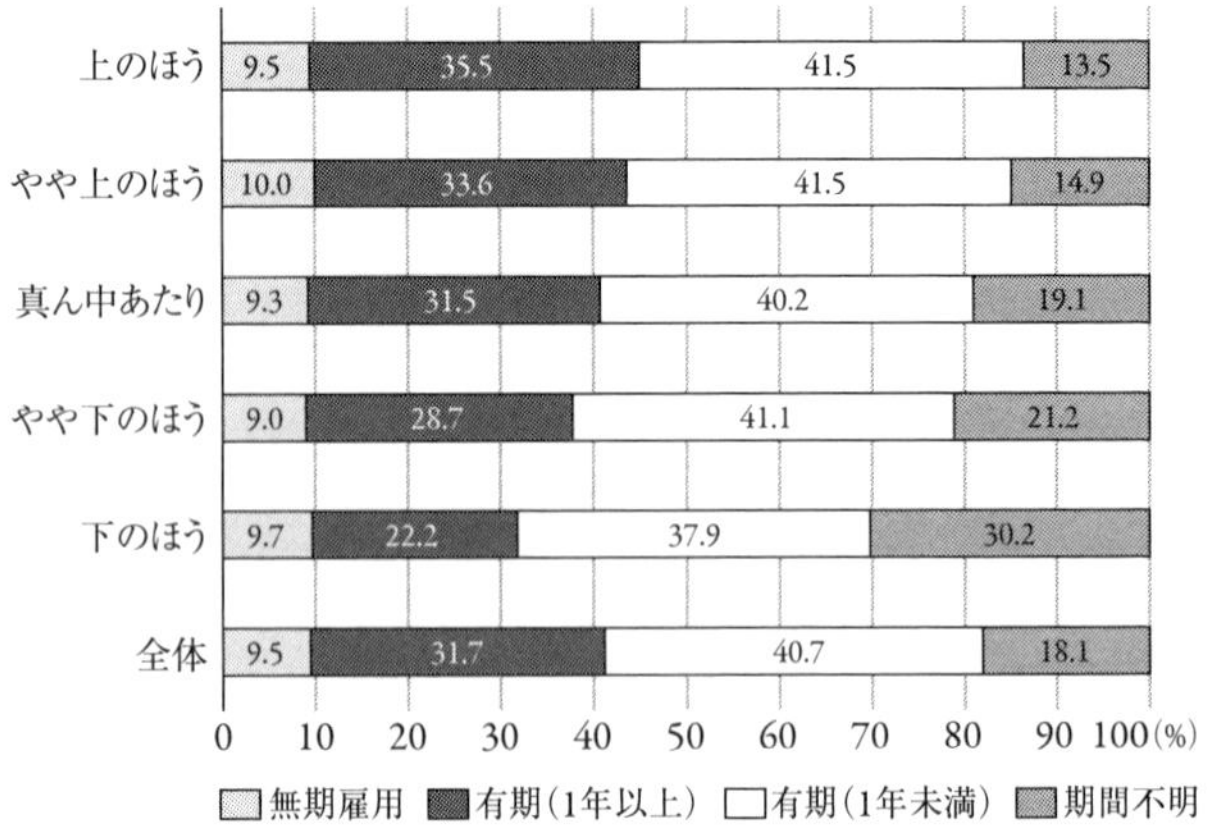

いのはたしかですが、それでも上位や中位との差は、ほとんど見られませんでした。

では、学卒非正規雇用者のあいだで、中学3年の成績と雇用契約の内容には何らかの関係がみられるのでしょうか。その関係が図6−1に示されています。

まず正社員と同様に、無期契約の割合については、いずれの成績でも9〜10%程度と、大きな違いはみられません。ところが専門的な知識や経験を評価されて契約が結ばれることのある1年以上の有期契約の割合は、中学3年時の成績がよかった人ほど高くなっています。成績が上のほうと下のほうでは、13・3%ポイントもの開きが見て取れます。

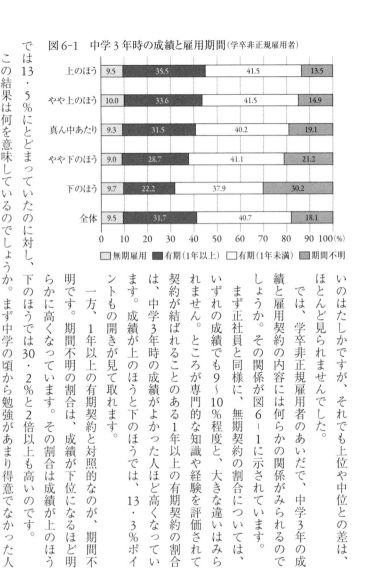

一方、1年以上の有期契約と対照的なのが、期間不明です。期間不明の割合は、成績が下位になるほど明らかに高くなっています。その割合は成績が上のほうでは13・5%にとどまっていたのに対し、下のほうでは30・2%と2倍以上も高いのです。

この結果は何を意味しているのでしょうか。まず中学の頃から勉強があまり得意でなかった人は、大学へ進学していないことも多いのかもしれません。そのため、働き手を守る法律があることを、よく知らないことも考えられます。さらに中学時代の成績が振るわなかったのは、家庭の経済状況が厳しく、他の生徒のように塾に行ったりする機会も限られていたせいかもしれません。だとすれば、ここでも先にみたように学歴や家庭の貧困は、期間不明と密接に関係しているといえます。

理由はさまざまではありますが、大事なのは、成績の良しあしにかかわらず、誰もが雇用契約に関する必要最低限な知識を持てるようにすることでしょう。その上で**契約期間を含む労働条件が示されなかった場合には、毅然として明示を求めるだけの交渉力を持てるようにする**ことも求められます。

最近は労働組合や研究者などのなかには、雇用に関するトラブルに遭ったときに、それに的確に対処できるようにする「労働教育」を学校でもっと行うべきだという主張もみられます[6]。期間不明を減らしていくためには、働く上での権利や義務を知るための基礎的な労働教育を、中学や高校の段階で広く実施することも、これからはもっと検討していくべきかもしれません。

労働者の権利と職場環境

加えて、労働者の権利について一人ひとりが知ると同時に、その権利を確保する職場での取り組みがあるかどうかが、期間不明を避けるためには重要になります。

全国就業実態パネル調査では、働いている職場の環境についても詳しくたずねています。「処理しきれないほど仕事があふれていた」「性別、年齢、国籍、障がいの有無、雇用形態によって差別を受けた人を見聞きしたことがあった」「パワハラ、セクハラを受けたという話を見聞きしたことがあった」「身体的な怪我を負う人が頻繁に発生した」「ストレスによって精神的に病んでしまう人が頻繁に発生した」といった質問にあてはまるかなどが、調べられています。調べてみると、かならずしもこれらの状況があてはまるような、明らかに問題のある職場において、期間不明が多数発生しているといった、はっきりとした証拠はみつけられませんでした。

その一方で、これらの職場の状況とは異なり、期間不明が明確に起こりにくい職場の状況が調査からは発見されました。そのような**期間不明の防止につながる職場とは、「労働者の利益を代表して交渉してくれる組織がある、あるいはそのような手段が確保されている」職場**だったのです。

図6－2をみると、労働者の利益を代表する職場の組織や手段の存在について「あてはまる」「どちらかというとあてはまる」と答えた学卒非正規雇用者の期間不明割合は5・4％、6・6％と低水準に抑えられています。それに対して「あてはまらない」「どちらかというとあてはまらない」「どちらともいえない」では、その割合は20・4％、18・9％、19・1％と大きな違いがみられます。

これまでみてきたように、雇用契約期間が不明であることは、収入、能力開発、保険、契約更新など、さまざまな点で非正規雇用者の不利益につながっています。図の結果は、労働者が不利益な状況におかれたままでいることに納得せず、使用者に対して改善を求める組織や手段があれば、期間不明やそれに伴う不利益は改善できる可能性があることを示しています。

図6-2　労働者の利益を代表する組織がある・手段が職場に確保されている（学卒非正規雇用）

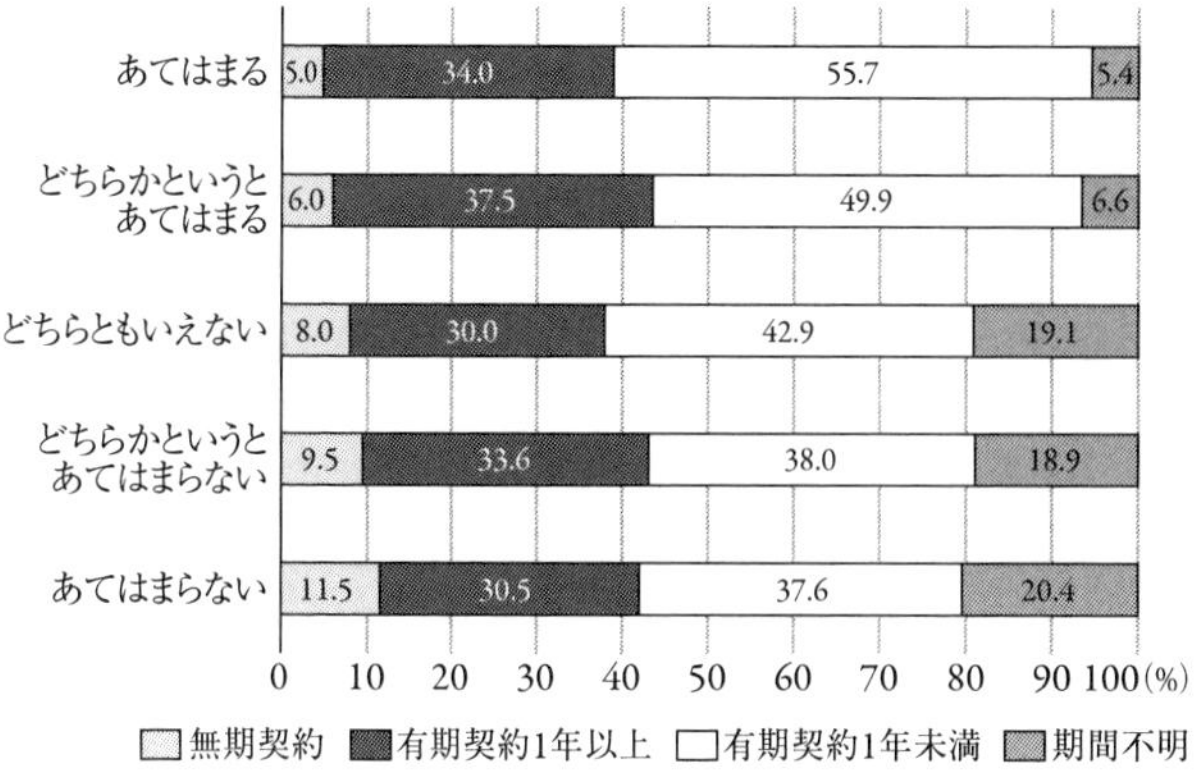

ところが、労働者を代表して交渉する組織の代表である労働組合への参加には、ずっと停滞状況が続いています。厚生労働省が実施している「労働組合基礎調査」によれば、まだ労働組合の活動が盛んだった１９９０年代半ばまでは、全国で１２００万人を超える雇用者が組合に加入し、組合組織率も20%を超えていました。しかし、その後組合員数は減少を続け、２０１０年代になると１０００万人を割り込みます。組織率も２割を切り、特にパートタイム労働者で組合に入っている人は増加傾向にこそありますが、全体の７％程度とまだ低い水準にあります。

組合活動に多くの人が興味を示さなくなった理由としては、組合費の負担が大きかったり、仕事が忙しくて活動する時間がないことなどに加え、組合に入っても賃金などが増えるわけではなく、メリットを感じなくなったことなどが考えられます。また以前の製造業などであれば工場労働者が集団で労働条件の改善を要求し、それに対応するなど「集団的労使管理」が一般的でした。ところが現在は、製造業の衰退など産業構造や働き方が変わるなか、労使契約が使用者と個々の雇用者との間で結ばれる「個別労使管理」がむしろ普及しています。このような個別労使管理が進むなかで、全体の労働者が団結して改善要求を行うことが難しくなっている面もあるのです。

職場に従業員の過半数が加入する労働組合がない場合には、代わって従業員のなかから職場で選ばれた「従業員代表」が労使協定を結んだり、就業規則の内容や変更に対して意見を述べることができます。ただ実際には、従業員代表が存在するとはいっても、従業員の苦情や意見を拾い集め、その上で改善を求めるだけの情熱や行動力を兼ね備えているかは、また別の問題ともいえます。

いずれにせよ、**労働条件明示を含む雇用契約の明確化を徹底していく上で、職場の働く人々全体のことを考え、問題があれば使用者に対して交渉するだけのパワーを持った労働者組織が重要な役割を果たすことは、まちがいありません。**そのような労働者のための強い交渉力を持つ組織を今後多くの職場で創り出していくことも、働き方を改善する上では大切なのです。

SNSでの転職のリスク

労働者を代表するパワフルな組織の必要性に加えて、期間不明をできる限り少なくしていくための、もう一つの重要な取り組みについて説明します。
調査では、転職経験者に対して、現在の勤務先を見つける上で利用した転職経路が尋ねられています。そこでは利用した経路すべてと、なかでも最も影響力の大きかった経路についての回答が求められています。

そのうち、最も影響力のあった経路ごとに、期間不明割合を求めてみました。ただし、本章のここまでの考察のように学卒非正規雇用者に限定してしまうと、おのずと主要な転職経路は制限されてしまいます。そこで、正社員、非正社員にかかわらず、転職経験者全体について調べました。その結果を示したのが、図6－3です。

この図からまず驚きなのは、交流サイトであるＳＮＳ（ソーシャル・ネットワーキング・サービス）を主に利用して転職した場合の期間不明割合の高さです。24・1％と、およそ4人に1人の転職者が期間不明となっていることです。

インターネットを利用した転職活動では、求職者も採用を考える企業も、直接の対面交渉を行わないまま、情報のやり取りを行うことも可能です。交渉中は仕事や業務の内容ばかりに気持ちが行ってしまい、契約期間を含む労働条件の細かい取り決めや確認もなされないまま、転職が決まってしまうといったことも起こるかもしれません。

しかもＳＮＳを通じた転職は、あくまで採用する企業と転職する労働者だけの交渉によって決まるため、雇用契約が法的に適確であるかどうかといった、第三者によるチェックが働きにくい

図6-3　転職経路別期間不明割合
（転職経験者全体、最も影響力のある経路）

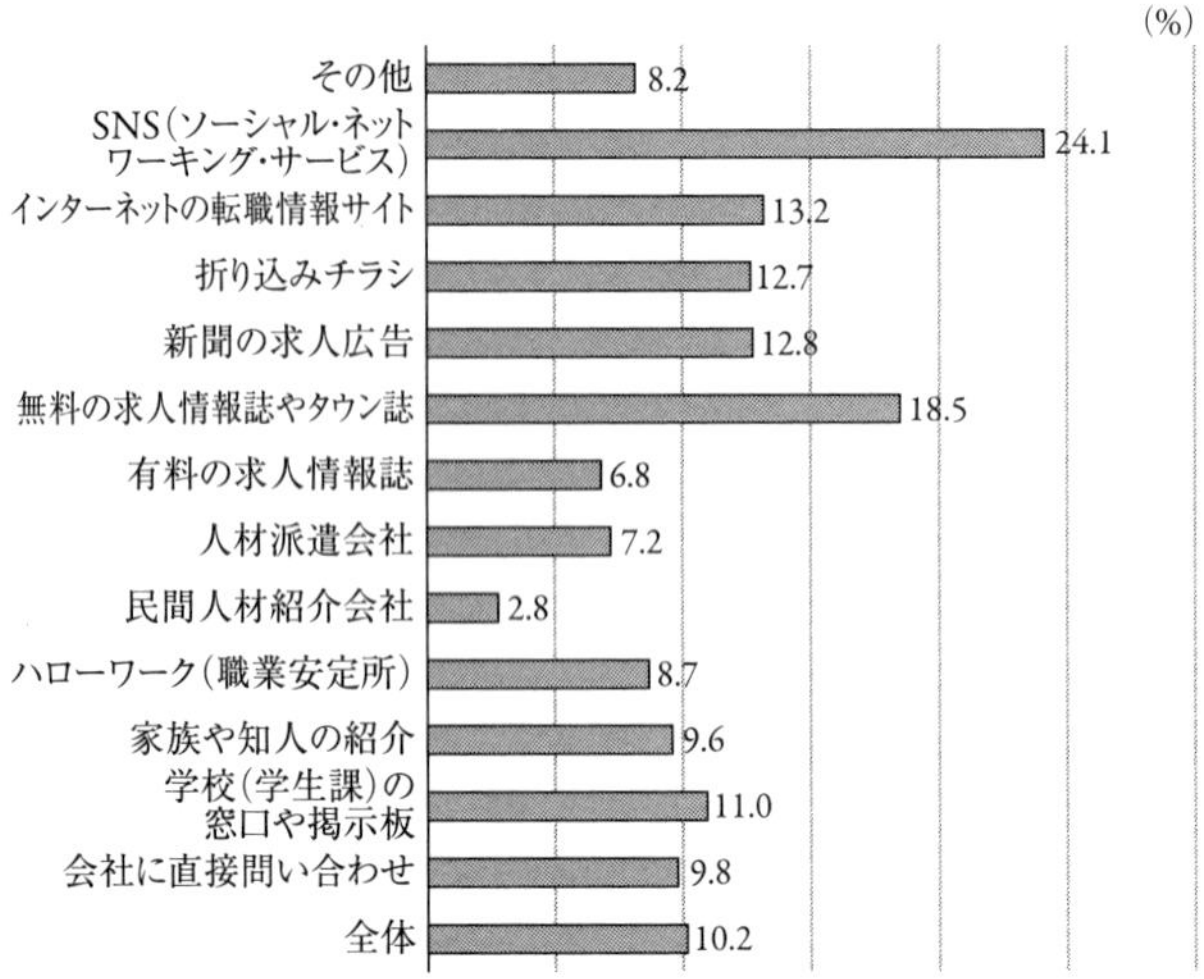

ことも特徴です。ＳＮＳを通じた転職活動は今後広がっていくことも予想されますが、雇用契約にまつわるトラブルが起こらないための独自ルールなども検討すべきかもしれません。

　求人側と求職側の直接交渉という意味では、無料の求人情報誌やタウン誌なども、同じような危険性をはらんでいます。実際、無料の求人雑誌やタウン誌を通じた転職からも期間不明割合は１８・５％と、ＳＮＳに次いで高くなっています。有料の求人誌の場合、有料である分、雑誌の編集者も信頼を問われることになり、問題のありそうな会社の求人は制限するといったチェック機能が働くことも考えられます。それに対し、無料の求人誌の場合には、応募や転職はあくまで求職側の自己責任という立場から、求人の質には編集サイドは深く関与しないこともあり得ます。その結果として、無料の雑誌を通じた転職でも、期間不明などの

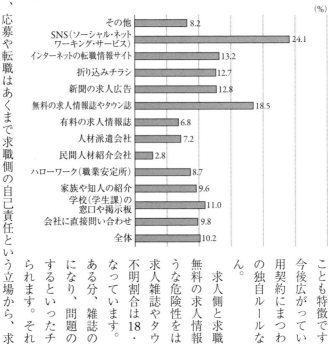

曖昧な雇用契約が結ばれやすくなるのでしょう。

ＳＮＳや無料誌などと対照的に期間不明の発生率が低いのは、民間人材紹介会社や人材派遣会社を経由した転職です。ハローワークを通じた転職も、全体平均に比べると期間不明率は低めになっています。これらの経路に共通するのは、雇用契約を結ぶ際に、労働法に関する専門的な知識を有する人々が、必ず仲介役を担っていることです。その場合には、第三者である専門家が、雇用契約は正しく結ばれているかを確認します。その結果として、契約期間が不明といった曖昧な契約は防ぎやすくなるのです。

専門家による仲介は、雇用契約を明確にするための有効な手立てとなります。反対に専門的な仲介を経ないで決めた転職についても、雇用契約の内容が妥当であるかどうかをチェックしてもらえるよう、労働基準監督署やハローワークなどに相談できる体制を行政がさらに整備することも検討に値するでしょう。

不利な人がさらに不利に

本章を通じて、雇用契約期間が不明な非正社員の人々は、あらゆる面で不利な労働条件におかれていることを、第５章に続いて確認しました。年収や賃金が低いだけでなく、契約更新の可能性も明らかにされず、雇用保険に加入しているかどうかもわからないことも多いのが、期間不明の特徴です。仕事を通じて新しい知識や技術を習得する機会も、期間不明者は非正社員のなかで抜きん出て少なくなっていました。このような状況では、期間不明者の多くにとって仕事への満足度が高くないのは当然です。

そんな厳しい状況にさらされることの多い期間不明者になりやすいのは、社会的に不利な立場におかれている人であることを、前章と本章では異なるデータから共通して確認しました。年齢が若い人、水商売・客商売で働く人、働き始めて間もない人、大学などに進学できなかった人、中学時の成績が振るわなかった人などが、期間不明という曖昧な働き方に陥りがちです。期間不明の非正社員が属する世帯は、金銭的に余裕のない場合も多くなっていました。

けっして恵まれているとは言えない不利な立場にある人たちが、期間不明の非正規雇用というさらに不利な状況に追い込まれる構造が、日本の雇用社会にはあるのです。

私がこのような社会構造があることを初めて認識したのは、前年に行われた就業構造基本調査の集計結果が公表されたのを見た2013年のときでした。その後、この期間不明の問題を深刻に感じ、いくつかの媒体に対処するための取り組みの必要性を訴えてきたのですが[7]、なかなか多くの関心を得ることはできませんでした。雇用契約期間が不明である人など、ごく一部の限られた人の問題だと思われたのかもしれません。

期間不明に関する研究論文を、以前、労働問題を扱う学術雑誌に投稿したこともあります[8]。投稿論文が採択されるには、掲載に値するかを決めるために、匿名の査読者（レフェリー）による審査を受けます。投稿後、数カ月経ち、雑誌の編集者から査読結果が戻ってきたとき、その内容を読んで私はショックを受けました。そこには「雇用者が自分の契約期間がわからないのは、そもそも働く本人の意欲が低いからではないのか。働く能力が低い雇用者ほど、契約期間をおぼえることもできないのではないか」といったことが書かれていました。期間不明とそれに伴う不利な処遇は、雇用者本人の自己責任によるものだというのです。

しかし、その理屈は、振り込め詐欺にかかるのは、詐欺に遭った被害者が悪いというのと同じです。何度も詐欺を仕掛ける経験を繰り返している犯人に対し、被害者の多くは初めて被害にさらされる、犯罪とは無縁の素人です。振り込め詐欺は犯罪であり、責任は100％加害者のほうにあります。編集者から返されてきた手紙を読んだとき、たしかに研究者はさまざまな解釈を検討するのが仕事とはいえ、もし期間不明の責任が働く人にあるのだとすれば、労働問題の研究とは、いったい誰の何のためにあるのだろうかと悲しくなったことをおぼえています。

期間不明の雇用に直面せざるを得なくなったとき、それを本人だけの努力によって修正することはきわめて困難です。使用者側が雇用契約を曖昧にしておこうとするのは、経営不安定など何らかの理由があるからであり、実際、雇用者に期間不明を不明にしたまま働かせるだけの、したたかな経験を過去に積んできていることも多いのです。

しかし、期間不明の雇用契約を抑制することは可能です。実際、職場に労働者の利益を代表する組織や手段が確保されていたり、雇用契約を結ぶ際に法律などの専門的な知識を持った第三者が仲介することで、期間不明は起こりにくくなっていました。雇用者だけの努力によるのではなく、本人以外の人々の協力を得ることで、明確な雇用契約を結べます。多くの人々の協力により、期間不明を減らしていく取り組みを社会全体で進めるためにも、まずはこの期間不明にまつわる事実について、できるだけ多くの人に知ってほしいと思います。

1――一般社員でも、かつて65歳以上は保険の加入対象から外れていましたが、現在年齢制限はなくなっています。
2――1989（平成元）年から1994（平成6）年までは週所定労働時間は22時間以上が条件でした。
3――一方、在学中のアルバイトなどの非正社員のうち、雇用保険の加入者はわずか6・8％にとどまっています。
4――労働力調査（2016年）によれば、非正社員の月間平均就業日数は17・6日となっています。月間就業日数はすべての契約期間で同一の17・6日と仮定した上で、年間就業日数（＝17・6×12）を平均週労働日数で割ることで、平均就業週数を求めます。そこで年収を平均就業週数と週労働時間の積で割った値を、ここでは時間あたり賃金としました。
5――貯蓄額も有価証券保有金額もばらつきが大きく、平均値は突出して多額である場合に大きく引きずられてしまうため、低いほうから順番に100のグループに分けて、ちょうど真ん中の50番目にあたるグループの水準である中央値も示すことにしました。
6――厚生労働省『今後の労働関係法制度をめぐる教育の在り方に関する研究会報告書』（2009年）、連合『学校教育における「労働教育」に関する調査』（2014年）等。
7――玄田有史「「正規」と「非正規」の線引きをやめよう」『中央公論』（2016年3月号）、玄田有史「不安定な就業の解消に向けて」『統計』（68号、2017年7月）等。
8――玄田有史「雇用契約期間不明に関する考察」『日本労働研究雑誌』（680号、2017年2・3月号）を参照のこと。

第7章

変わりゆく契約

パネル調査のメリット

第6章では、リクルートワークス研究所が実施している全国就業実態パネル調査を用いて、雇用契約期間の問題、なかでも期間不明にまつわる問題について多方面から考察してきました。

ところで、調査名に含まれている「パネル調査」とは何なのでしょうか。

第3章でも簡単に説明しましたが、パネル調査とは、同じ調査対象者に対して、ある期間を通じて同じ質問を繰り返し行う調査のことを言います。つまり調査に協力してもらう方々には、一回限りの回答ではなく、何度か継続して回答をお願いすることになります。

全国就業実態パネル調査は、第1回目の調査が2016年1月に行われ、2015年における就業や無業の状況を中心に、約4万9000人から回答の協力をいただいたものです。第6章の分析では、この第1回調査から得られたデータを用いて行いました。

その後、続けて第2回目の調査が、翌2017年1月に行われ、今後も継続して実施される予定です。[1] この第2回調査では、前回の調査に回答を寄せていただいた方々に、今度は2016年における就業や無業の状況を同様にたずねています。[2] 2年目の追加調査には1年目に回答をいただいた方々のうち、約3万5000人からふたたび回答をいただいています。調査では、この2年間継続して回答いただいた方々について、それぞれが代表する属性に応じてウェイト付けを行い、日本全体の状況を復元した結果が得られるように工夫がなされています。[3]

同一の個人の働く状況を追跡したパネル調査は、継続的な調査協力を得ることが困難なこともあり、かつては日本ではあまり実施されてきませんでした。しかし、１９９０年代以降、さまざまな研究機関がパネル調査を実施し、現在は多くの研究者によって活用されています。[4]

パネル調査を実施することで、どのようなことが新たに明らかになるのでしょうか。A年とB年という二つの年次があったとします。A年に比べてB年は不況で雇用も厳しくなっていたにもかかわらず、B年のほうが働く人々の平均賃金が高くなっていたとき、そこには少なくとも二通りの解釈が考えられます。一つは不況を乗り切ろうと、雇用されている人がA年にも増してB年には一所懸命働いたため、その見返りとして経営者は賃金を増やした可能性が考えられます。一方、不況のため、経営者はA年に雇っていた人、なかでも賃金が相対的に低かった人を大量に解雇したとします。その場合、先とは別の解釈として、B年に雇われている人の賃金は以前と変わらなかったとしても、平均賃金は上昇するといったことも起こり得るのです。

このときA年とB年で、それぞれ別々の人に回答を求めた調査だけでは、どちらの解釈がより妥当であるかを判断することは困難です。それに対してパネル調査では、同じ人に回答を求めているために、賃金が実際に増えた人が多かったのか、そうでないのかが、はっきりとわかります。先の例でいえば、多くの人の賃金が増えていれば前者の解釈が、ほとんど増えていなければ後者の解釈が妥当といえるかもしれません。このように個々の人々にどのような「変化」が生じたのかを明らかにできる点に、パネル調査のメリットがあります。

そこで本章では、この２０１６年と２０１７年に連続して行われた全国就業実態パネル調査に着目することで、16年に学卒非正規雇用者として働いていた人々に、翌年どのような変化が生じていたのかをみていきます。特にここでも当初の雇用契約にどのような変化があったのか、そしてそれがどのような別の変化と結びついていたのかを検討したいと思います。

１年後の状況

まず、２０１５年12月時点の学卒非正規雇用者について、当初の契約期間によって、１年後の２０１６年12月時点での就業や無業の状況がどのくらい異なっているかを確認してみます。パネル調査を用いて調べた結果が、表７－１です。

学卒非正規雇用者全体のうち、１年後も同じ勤務先で「継続」して就業していた場合が77・８%と、８割弱にのぼっていました。一方、１年のあいだに別の勤務先に変わった「転職」による就業も14・２%ありました。さらには１年後には働いていない無業者もいます。全体のうち１・４%が、新しい仕事を探して「求職中」でしたが、仕事を探していない「その他」も６・５%となっています。

このような就業と無業への移行状況は、当初の雇用契約によって少なからず違いがみられます。継続就業が、期間の定めのない無期契約で83・８%と高いのは予想通りですが、１年以上の比較的長期の有期契約でも84・９%と、無期以上に高くなっていました。その意味で学卒非正規雇用

表7-1　雇用契約期間別にみた翌年の就業状況

雇用契約期間（2015年12月時点）	2016年12月時点の就業状況（%）			
	仕事している		仕事をしていない	
	継続	転職	求職中	その他
学卒非正規全体	77.8	14.2	1.4	6.5
無期契約	83.8	9.2	1.8	5.2
有期契約1年以上	84.9	9.0	0.6	5.5
有期契約1年未満	71.8	19.6	1.7	6.9
期間不明	76.2	13.6	2.1	8.2

注：対象は、2015年時点の学卒非正規雇用者（役員を除く）。2015年調査から2016年調査で脱落したサンプルの影響を考慮したx996ウェイト変数により復元している（以下同様）。

者のあいだでは、1年以上の有期契約は、無期契約とならんで雇用は安定継続していると言えそうです。一方で、1年後にも働く契約が結ばれていながら、実際には途中で解約がなされ、別の勤務先に転職している場合が、無期と有期の両方で約9％存在しています。

これらと比較して、1年未満の有期契約と期間不明においては就業継続している割合は、大きく下がります。1年未満の契約では契約更新の慣習がないケースが多いこともあり（第6章・表6－4）、継続割合は71・8％にとどまっています。代わりに19・6％が勤務先を変えて別の職場に転職しています。働いていながら、いつまで雇用が継続されるのかがわからない期間不明についても、1年後の継続割合は76・2％と、1年未満の有期契約に次いで低くなっており、転職割合も13・6％と高くなっています。このような結果からも、期間不明の雇用は、事実上、相当程度に不安定であることがわかります。

さらに期間不明では、新しい勤務先に転職するに至らず、

1年後には失業中で職探しをしている割合が、契約期間が明確な場合よりもやや高くなっています。期間不明では、無業であると同時に、仕事を探すこと自体を断念している場合も、無期や有期に比べて多くなっていました。

期間不明で求職中が多い理由としては、雇用期間が曖昧にされていたために、突然契約を終了するといわれた場合、情報収集などの再就職に向けた準備が十分にできていないこともあるかもしれません。また期間不明では仕事を通じた新しい機会や技術を習得する機会に乏しく（第6章・表6－5）、前の勤め先や自分自身による訓練や自己啓発を実施している場合も、少なくなっていました。（第5章・図5－7）。これらの状況では、期間不明者は再就職に必要な技能を身に着けていない事態も生じやすく、その結果として失業状態から抜け出しにくいということも考えられます。

また期間不明では、年収が低かったり（第5章・図5－6）、世帯の貯蓄に余裕がないことも多く（第6章・表6－7）、それだけ働く必要が本来は高いはずです。にもかかわらず期間不明者が就業しようとしていない「その他」が多い背景には、仕事への満足度が高くなかったことで（第6章・表6－6）、働くこと自体への興味や関心を失ってしまうということも、一部ではあるのかもしれません。

移りゆく契約

表 7-2　雇用契約期間の移行状況

雇用契約期間（2015 年 12 月時点）	2016 年 12 月時点の雇用契約期間（%）				
	無期契約	有期契約 1 年以上	有期契約 1 年未満	期間不明	全体
無期契約	46.0	24.3	9.5	20.2	100.0
有期契約 1 年以上	10.7	48.7	28.0	12.7	100.0
有期契約 1 年未満	8.3	17.3	65.6	8.8	100.0
期間不明	18.1	20.1	16.5	45.4	100.0
全体	14.2	28.6	39.8	17.4	100.0

注：対象は、2015 年の学卒非正規雇用者（役員を除く）のうち、2016 年も学卒雇用者。

続いて２０１５年12月時点で学卒非正規雇用者として就業していた人のうち、翌16年12月にも雇われて働いていた人に注目します。これらの雇われて働いていた人々は、1年を通じ、雇用契約期間にどの程度の変化があったのでしょうか。1年後に正規雇用者となった人々も含めて、雇用契約期間の移行状況を調べたのが、表7－2です。

この表を私が最初に目にしたとき、最も驚いたのは、無期契約を継続している割合の低さでした。15年に無期契約を結んでいた学卒非正規雇用者のうち、16年も無期契約を続けていると答えたのは、全体の46・0%と半分以下にとどまっています。無期契約である以上、定年まではずっと働き続けるのが一般的だとすれば、無期契約の継続割合はもっと高いだろうと予想していました。ちなみに15年に学卒「正規」雇用者は、大部分が無期契約を結んでいたのですが、そのうち90・6%と大部分が翌16年にも無期契約と答えていました。無期契約の継続率が低いのは、非正社員の特徴のようです。

なぜそのようなことが起こるのでしょうか。まず無期契約であったとしても、退職して別の会社に転職する非正社員が多ければ、そこで新たに有期契約を結ぶといった場合も出てくるでしょう。さらに転職をしなくても、定年に達し、同じ会社で契約社員や嘱託として再契約することがあれば、無期から有期に切り替わることも考えられます。

ただそれらに加えて懸念されるのは、無期契約というのが、実際には口約束に近いものであって、最初から労働条件通知書で記載された正式なものではなかったという可能性です。採用の際、会社からは、いつまで雇うという具体的な期限の指定が特になかったため、期間の定めのない無期契約なのだろうと、雇用者は考えていたかもしれません。それがあるとき、「雇うのは来年まで」と告げられ、有期契約だったということに気づかされるということがあれば、無期から有期への変化も起こり得ます。

また無期契約から期間不明に移行したと回答した割合も20・2％と、約2割に達しています。実際には、期間の定めがないということと、期間がわからないということの境界線は、非正社員にとって曖昧な場合も多いのかもしれません。特に雇用関係が、正式な契約として結ばれていなければ、このような曖昧な状況は起こりやすくなります。

1年以上の有期契約で、翌年もやはり1年以上の有期契約と答えている割合は48・7％と、半分程度にすぎません。有期から無期へ転換し、より安定的な雇用を確保する場合が1割程度ある一方で、1年未満の有期や期間不明などのかたちで不安定化する場合も4割近くにのぼっています。

これらに対し、1年未満の有期契約だった非正社員は、翌年も1年未満の有期契約と答えている割合が65・6%と高くなっています。1年未満の有期契約で働いている非正社員は、つねに先の見通しが付きにくい短期雇用を繰り返している場合が多いことがわかります。

非正社員のなかでも困難な処遇におかれていることも多い期間不明は、意外にも別の雇用契約に変わっていることが多いようです。期間不明で、翌年も期間不明である割合は45・4%と、半分弱程度です。期間不明から無期契約に変わっている場合も18・1%と、有期から無期に変わるよりも割合が高くなっています。ここからも、期間不明と無期契約の境界が実際には曖昧な状況となっていることが予想されます。いいかえれば、期間不明であったとしても、そこには「将来的にもずっとこのまま働けるのかもしれない」という淡い期待のもとに、困難な状況でも多くが働き続けているのかもしれません。

継続と転職

契約期間の移行は、転職によるものなのか、同じ会社に継続就業しながらの契約期間の変化によるものなのか。この点を確認するため、表7－2をさらに2016年中に「転職」した場合と、2015年に勤めていた会社に「継続」就業した場合に分けたときの結果が、表7－3に示されています。

無期契約からの移行には、転職の影響も考えられましたが、表7－3をみると、同じ会社に継

表 7-3　雇用契約期間の移行状況

雇用契約期間（2015 年 12 月時点）		2016 年 12 月時点の雇用契約期間（%）				
		無期契約	有期契約 1 年以上	有期契約 1 年未満	期間不明	全体
無期契約	継続	46.6	25.6	7.1	20.7	100.0
	転職	40.1	12.4	31.5	16.0	100.0
有期契約 1 年以上	継続	9.9	51.7	25.5	12.8	100.0
	転職	18.8	18.7	51.6	11.0	100.0
有期契約 1 年未満	継続	5.2	19.3	68.1	7.5	100.0
	転職	20.3	9.6	56.2	14.0	100.0
期間不明	継続	16.6	22.3	12.8	48.3	100.0
	転職	27.1	6.7	38.5	27.7	100.0
全体	継続	12.8	31.7	37.9	17.7	100.0
	転職	22.3	11.1	50.9	15.7	100.0

注：対象は、2015 年の学卒非正規雇用者（役員を除く）のうち、2016 年も学卒雇用者。

続就業した場合でも、無期契約を続けている場合は46・6%と、表7－2の全体とあまり違いがありません。一方、同じ会社にとどまりながら、無期から1年以上の有期に変更されている場合が25・6%あるほか、期間不明への移行も20・7%に及んでいます。やはり同じ会社であっても、非正社員の無期契約と期間不明の境界が曖昧であることは、少なからず事実のようです。

1年以上の有期契約では、翌年も同じ会社で同様の契約を結んでいる場合が51・7%と、半分以上となっています。それとは対照的に、転職をすると1年未満の有期契約となる場合が51・6%と、最も高くなっています。一定期間の安定的な雇用契約を望む有期雇用者であれば、できる限り短期契約になりやすい転職は自重し、同じ会社にとどまり続けることになります。

一方、1年未満の有期契約となると、就業を継続しても、転職をしたとしても、やはり翌年は1年未満の短期雇用となることが最も多いようです。1年未満の短期雇用を継続して無期契約となる場合や、転職して1年以上の比較的長期の有期契約に移行する場合は、ともに1割未満と低くなっています。短期的・臨時的な業務の担い手として、1年未満の有期雇用契約は活用されることが多いと考えられますが、そのような短期的な業務の多くは、短期雇用を繰り返す人々によって支えられているといえます。

期間不明の場合、同じ会社で働き続けるとしたら、翌年もやはり期間不明であるのが48・3%となっています。一方で就業継続後に、契約期間が1年以上の有期に変わるケースも22・3%と一定程度存在しています。先に無期契約と期間不明の境界が曖昧なことが多いと指摘しました。働き始めた当初は雇用契約期間を曖昧にし、職場での働きぶりなどを観察した上で、本人に契約期間を告げるといった職場もあるのかもしれません。

加えて、有期契約のようだが一体いつまで続くのかは「わからない」期間不明者が、あるとき会社から「雇うのは〇〇年まで」と突然宣告されるケースも、実際にはそれなりにあるのでしょう。このようなケースは、第2章でも説明した、使用者による契約更新の拒否を意味する「雇止め」になります。雇止めは、使用者に認められた権利です。しかしその一方で、反復更新された有期契約であって雇止めが無期労働契約の解雇と実質的には同じ場合や、有期労働契約者が更新されるものと期待するだけの合理的な理由がある場合には、雇止めは法的に認められません。このような違法な状況も、当初の雇用関係を結ぶ際に、明確な契約期間の提示がなされていないような状態では、起こりやすくなります。

ただし、不明だった雇用期間を打ち切られたり、処遇の芳しくない期間不明を嫌って転職したとき、次にたどり着く雇用契約は、1年未満の有期契約が38・5％と最も高くなっています。**期間不明という不安定から逃れようとして転職したとしても、多くに待ち受けているのは、1年未満の短期契約という別のかたちでの不安定**なのです。

勤続年数の影響

続いて今度は、同じ会社に働き続けている場合に限定した上で、雇用契約の移行についてもう少し考えてみます。

最初は明確でなかった社員の働きぶりや勤務態度などが、就業が一定期間にわたって継続されるなかで、会社側にはっきりわかってくるようなことがあります。当初は有期の雇用契約を結んでおいて、雇った人が会社にとって欠かせない人材であると見極めた段階で無期契約に転換したり、短期の有期契約を長期に切り替えることもあるかもしれません。実際、このような状況が、継続就業している学卒の非正規雇用者のあいだで、どの程度起こっているのでしょうか。

この点を明らかにするために作成したのが、図7－1です。最初に図の見方を説明します。図の「有期から無期」の折れ線グラフは、2015年に1年以上と1年未満にかかわらず有期契約

図7-1　契約期間の移行と勤続年数の関係（継続雇用）

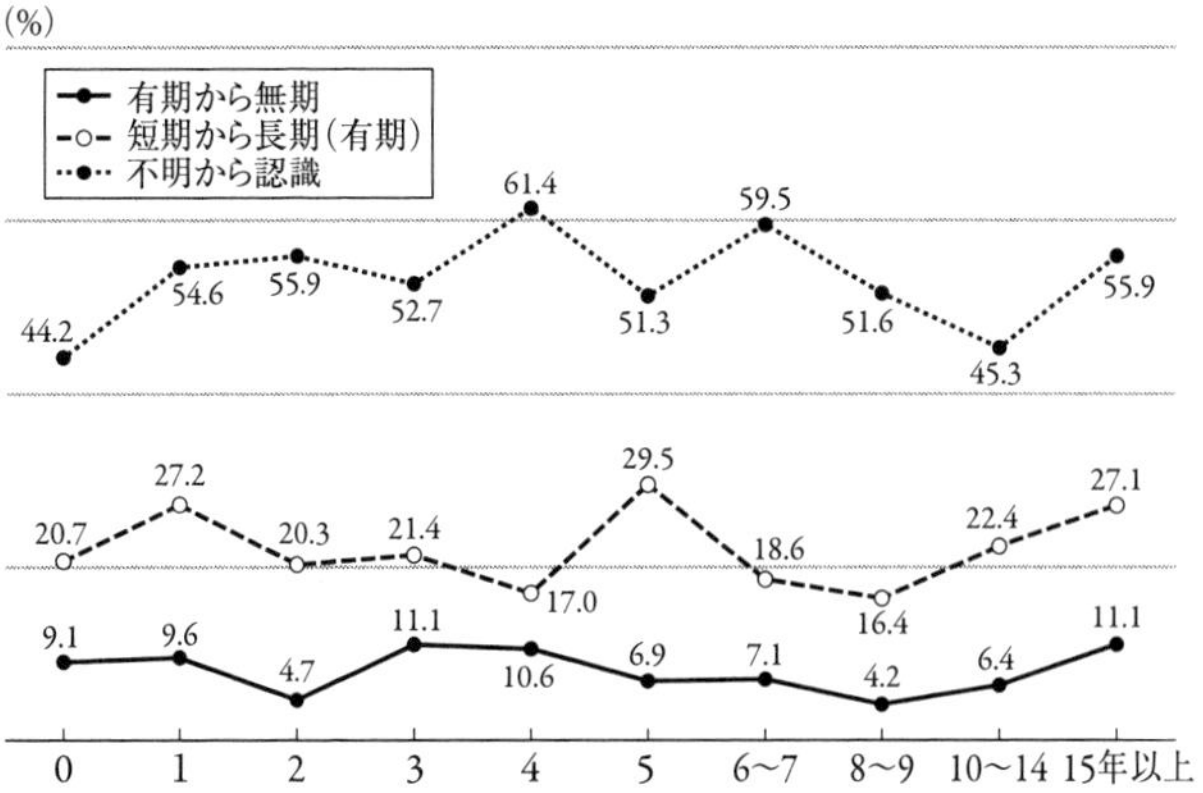

であった人が、翌年に同じ会社で無期契約に変わった割合を示しています。横軸は勤続年数を示していますが、「0年」で9・1％となっているのは、勤続0年目に有期契約であった人のうち、翌年に無期契約と回答した割合が9・1％だったことを意味しています。

折れ線グラフをみる限り、勤続年数が長くなるにつれて有期から無期への移行が広がっているとは言えそうにありません。勤続年数が3年目と4年目でやや移行割合が高くなっていますが、5年目から9年目になるとむしろ低下気味になります。第2章で言及したように、2018年4月からは、通算5年の勤続年数を超えて有期契約の更新が行われ、雇用者からの申し出があった場合に、無期契約への転換義務が使用者側に発生します。ただ、少なくとも法律適用以前の2015年から16年の時点では、5年を超えた時点での有期から無期への転換は、それほど活発ではない状況だったようです。

図の折れ線グラフのうち、「短期から長期（有期）」

は、1年未満の有期契約であった雇用者が、1年後に同じ会社で1年以上の有期契約に切り替わった割合を指しています。ここでは「有期から無期」と異なり、勤続5年目が一つのポイントになっているようです。勤続年数が5年目から6年目になる時点で、1年未満の有期契約を繰り返していた雇用者のうち、1年以上の比較的長期の有期契約に変更される割合が29・5％と最も高くなっています。5年程度働く経験を積むなかで会社からの評価が高まり、一定期間の契約延長という雇用保障が付されているような状況が、一部で生じているのかもしれません。

「不明から認識」は期間不明だった人々のうち、翌年に無期か有期の契約となったと回答した割合になります。第5章で確認したとおり、勤続年数別にみると、期間不明は入社直後の勤続年数1年未満で特に多く発生していました（図5－2）。図7－1によれば、勤続年数が0年目から1年目になったとき、期間不明だった人々のうち、期間を明確に認識するようになるのは44・2％にとどまっていることが、わかります。その後、勤続年数が4年目くらいまでは、少しずつではありますが、不明から認識への移行割合も高まっていきます。しかし、その後は勤続年数が長くなったとしても、不明から認識が高まるといった一定の傾向は確認できません。

勤続年数が長くなることを通じて、契約期間が短期から長期に変わることは一部ではあるようですが、無期への転換や期間不明の解消が自然に広がることを期待するのは、今のところ難しいようです。

無期転換と正社員化

2015年時点での学卒非正規雇用者が一年後にも就業している場合、契約期間が変わることがあるだけでなく、職場での呼称が「正規の職員・従業員」へと変更になることも考えられます。先にみた表7−2では、15年に有期契約だった学卒非正規雇用者のうち、翌16年に無期契約に移行したケースが、当初1年以上では10・7%、1年未満では8・3%と、1割程度存在していました。さらに期間不明から無期契約になるケースは、18・1%にまで及んでいました。

表7−4には、これらの無期契約に変わった人々のうち、同時に非正社員から正社員へと呼称が変わった割合を示しました。有期および期間不明から無期に変わった非正社員のうち、正社員に呼称が変更された割合は45・4%となっています。残りの54・6%は、無期契約になったものの、職場での呼称は引き続き正社員ではない人々ということになります。

第3章および第4章では、非正規雇用は、有期契約のみから成り立っているのではなく、今や600万人を上回る無期契約で働く人々が含まれることを確認しました（表3−3及び表4−1）。人手不足が深刻化するなか、豊富な経験と専門的な知識を有しながら、育児や介護などの事情もあり、短時間勤務を希望しているパート社員を確保することが、多くの職場にとって喫緊の課題になっています。このような事情を背景に、今後も無期契約の非正社員は着実に増加することが予想されます。無期契約に移行こそするものの、正社員以外の呼称で雇われる状況が続く

表 7-4　無期契約への転換と正社員化

転職前非正規	無期転換後の職場呼称が正社員の割合		
	全体	継続	転職
無期への転換（全体）	45.4	33.2	74.3
有期 1 年以上から無期	36.0	29.2	71.4
有期 1 年未満から無期	66.0	52.9	78.7
期間不明から無期	32.8	25.3	64.8

注：無期への転換（全体）には、2015 年時点で無期契約だった場合を除く。対象は 2015 年の学卒非正規雇用者（役員を除く）のうち、2016 年も学卒雇用者。

人々が過半数にのぼる背景には、このような事情もあるのでしょう。

ふたたび表７－４をみると、２０１５年時点では1年未満の有期契約で働いていた非正社員が、翌年無期契約になった場合、正社員への呼称変更になる割合が66・０％と突出して高くなっています。表７－２によれば、無期契約への移行は、当初1年未満の有期で働いていた場合が最も狭き門になっていました。年内期限だったはずの非正社員が、翌年に期限の定めのない正社員に変わるのは、きわめて大きな処遇の変化であり、多くの職場では異例のことであると受け止められるでしょう。にもかかわらず、短期から無期へ「抜擢」するとすれば、そこには正社員として処遇するに値すると見なされるだけの例外的な評価があったと考えられます。対照的に、期間不明から無期契約になったとしても、あわせて正社員化する割合は有期からの転換に比べて低くなっています。

表７－４では、1年後の就業先を、転職した場合と継続就業した場合ごとに、無期転換後に呼称が正社員となった割合も示されています。正社員への変更は、継続就業しながら雇用契約が更新される場合よりは、転職によって新しい雇い手と契約を結ぶ場合のほうが、

比較的多くみられます。継続就業の場合でも、1年未満の有期から無期に変わる際、正社員化がなされる傾向があるようです。やはり社内での短期から無期へという評価の大きな見直しには、正社員化という処遇の改善が直結することが多いといえそうです。

契約社員・嘱託という雇用

これまで全国就業実態パネル調査を用いて、どのような特徴を持った学卒非正規雇用者について、1年を通じた契約期間の移行がみられやすいかを、さまざまな統計分析などを用いて調べてきました。ところが、図7－1で取り上げた、有期から無期、短期から長期、不明から認識などのいずれの移行についても、これといった明快な特徴はなかなか見出せませんでした。そのなかで唯一特徴らしいものがみられたのが、表7－5に表された結果です。

表では、1年を通じて同じ勤務先で就業を継続した学卒非正規雇用者をここでも対象にしています。その上で、まず有期契約から無期契約への移行は、パート・アルバイト、派遣社員、その他に比べて、契約社員と嘱託ほど進んでいることがわかります。たとえば有期から無期への移行割合は、パート・アルバイトでは6・6%にとどまっているのに対し、契約社員では12・0%、嘱託社員では13・6%と、2倍程度高くなっています。

現在までに多くの非正規雇用問題が研究者によって検討されてきましたが、契約社員や嘱託を中心に据えた研究は、必ずしも多くありません。2000年代に入って非正規雇用という言葉が

表7-5　雇用形態（呼称）と契約期間移行の関係（継続雇用　%）

雇用形態（2015年）	有期から無期	短期から長期（有期）	不明から認識
パート・アルバイト	6.6	21.6	49.9
派遣社員	4.9	11.3	45.1
契約社員	12.0	26.6	71.7
嘱託	13.6	39.2	84.7
その他	6.7	27.4	40.3

注：対象は2015年に学卒非正規雇用者であり、かつ2016年に学卒雇用者。

クローズアップされるまでは、非正社員問題というのは、もっぱらパートなどの短時間労働者の問題として考えられるのが主流でした。その後、派遣法が改正されたり、２００８年にリーマン・ショックが起こって大量の派遣労働者の契約期間が終了したりするなかで、派遣社員についても関心が高まります。それらに比べても、契約社員や嘱託に着目した研究や政策の検討は進んでこなかったように思います。

その理由の一つとして、契約社員や嘱託とは、どのような雇用者を指すのかという定義が存在しないことが挙げられます。第1章で、法律上に（非）正規雇用者の定義がないことを説明しましたが、同じように契約社員や嘱託についても明確な定義はありません。そもそもあらゆる雇用関係で契約が結ばれなければならないとすれば、本来は雇用者のすべてが契約社員のはずで、契約社員という言い方がふつうに使われるのは、考えてみれば不思議です。

その上で、非正規雇用のなかで、契約社員と職場で呼ばれている人の特徴をあえて挙げるとすれば、単純労働ではなく、専門的職種に従事していたり、パートではなくフルタイムで働いていることなどが、指摘されたりします。さらにもう一つ特徴を挙げるとすれば、契約社員は、有期契約であることが往々にして大前提であることとです。第4章で取り上げた雇用形態（呼称）と雇用契約期間の関係でも、契約社員のうち、無期契約は存在しないという想定に基づき集計がなされています（表4－1）。嘱託についても契約社員と同様、定義は明確ではありませんが、有期契約であることが、多くの場合基本となっているようです。

同じく第4章では、今後プロジェクト型雇用人材が普及していく可能性があることを指摘しました。プロジェクト型雇用人材は、プロジェクト期間に応じて有期契約が結ばれる一方で、専門的スキルを活かしながら、正社員と同様、フルタイムで働くのが通常です。このような人材には、有期契約の正社員とならんで、非正社員のなかで契約社員や嘱託として位置づけられている人々なども少なからず含まれる可能性があります。

組織にとって長期的に重要な人材とみなされたプロジェクト人材（特に年齢の若い人々）には、契約終了後、長期雇用や正社員への登用の機会が開かれる可能性があることも、第4章では指摘しました。表7－5で契約社員や嘱託について、有期から無期になっていたり、同じ有期のなかでも契約の長期化がみられることとは、プロジェクト人材には期間を超えた活用可能性があることの裏付けの一つといえるでしょう。

さらに契約社員は、非正社員のなかでも、文字通り「雇用は契約」であることが強く意識された雇用でもあります。第5章で雇用形態別に雇用契約期間が「わからない」割合を確認したとき、期間不明の割合は、正社員に次いで、嘱託社員と契約社員で低くなっていました（表5－2）。

契約という概念が強く意識されている契約社員もしくは嘱託だからこそ、仮に当初は期間不明であったとしても、翌年には契約期間が明確に認識されることが多くなっていることが、表7－5の不明から認識への移行からもわかります。

雇用は契約であるという意識を広めていくためにも、今後、プロジェクト型雇用人材としての契約社員や嘱託社員について、もっと注目していくべきだと思います。

年収の変化

契約期間が変更される際、なんといっても気になるのは収入の変化です。そこで全国就業実態パネル調査でも、主な勤め先からの1年間を通じた税込みの収入（年収）が、2016年と2017年の調査の両方でたずねられています。

表7－6には、契約期間移行別にみた年収の変化の平均値が示されています。ただし、全体の年収の変化があまりなかったとしても、ごく一部で突出した年収の増減があれば、それだけで平均値が大きく左右される可能性があります。そこで表には、平均値とあわせて、変化分を小さいほうから順番にすべて並べた上で、ちょうど全体の中間となる中央値も示しました。

当初、無期契約だった学卒非正規雇用者は、翌年も就業することで、平均すると11・5万円の年収増加がみられました。なかでも無期契約が続くことで平均33・8万円分も年収が増えるチャンスがあります。それに対し、有期契約や期間不明に変更になると平均年収は下がるようです。

表7-6　契約期間移行別にみた年収変化の平均値・中央値（万円）

雇用契約期間（2015年12月時点）	年収	2016年12月時点の雇用契約期間				
		全体	無期契約	有期契約1年以上	有期契約1年未満	期間不明
無期契約	平均値	11.5	33.8	-9.5	-13.8	-2.7
	中央値	0.0	0.0	0.0	0.0	0.0
有期契約1年以上	平均値	-2.8	17.7	-5.3	-2.9	-9.5
	中央値	0.0	0.0	0.0	0.0	0.0
有期契約1年未満	平均値	6.3	52.7	8.6	-1.1	11.5
	中央値	0.0	50.0	0.0	0.0	6.0
期間不明	平均値	7.4	27.1	0.0	-0.5	5.6
	中央値	2.0	10.0	0.0	6.0	1.0

注：対象は2015年の学卒非正規雇用者で、2016年も学卒雇用者。年収変化は、労働時間に対する主な仕事からの年収の2015年から2016年の差額変化分とし、そのウェイト付きの平均値と中央値を計算した。

ただし、どの契約の移行でも中央値は0万円であることを考えると、無期契約からの移行では多くの場合、年収はあまり変化しないことも一方で事実のようです。

1年以上の有期契約も、無期契約に移行できた場合にのみ年収の平均変化分はプラスになりますが、それ以外はマイナスです。ただしここでも中央値はいずれも0万円となり、多くの場合で年収の変化は小さくなっています。

1年未満の有期契約では、同じ短期契約を繰り返した場合に、年収変化は平均してマイナスとなります。無期契約になった場合、正社員化しやすいことも影響して、増額幅も50万円台と大きくなっていますが、期間不明や1年以上の有期契約になった場合にも年収変化はプラスになっています。1年未満の有期から期間不明へ移行した場合ですら、年収変化の中央値は6・0万円となっており、多くで増加がみられます。

さらに期間不明だった人々については、無期契約に明確に移行した場合、年収は期待値と中央値のいずれでみても大きく増える方向に働いています。期間不明を翌年に継続した場合にも、年収は増える傾向があることもわかります。

期間不明を翌年も継続することで年収が増えるケースが一定程度みられるのは、何を意味しているのでしょうか。第5章と第6章からは、学卒非正規のなかでも、期間不明は有期や無期の契約に比べて年収が低いことをみてきました（図5－6及び表6－3）。ここでの結果は、そのような事実と矛盾しないのでしょうか。

先の章で確認した結果は、同じ時点で異なる個人の年収を比べた結果であったのに対し、表7－6の結果は、同一の個人にとっての一年を通じた年収の変化を表したものになります。期間不明で働いている人は、学卒非正規全体と比べれば年収が低いことも多いのですが、それでもその仕事を続けることで収入が増える場合もあるのです。

この点を確認するため、継続と転職に分けて、年収変化の中央値を求めたのが、表7－7になります。期間不明者が、1年後も同じ勤め先で働いたとき、無期契約になったり、1年未満でも有期契約であることが明確になれば、それにあわせて年収は中央値で10万円増えています。それらに加えて、期間不明のまま勤め続けたとしても、2万円と少額にはなりますが年収は増えています。

表7-7　契約期間移行別にみた継続・転職による年収変化の中央値（万円）

雇用契約期間（2015年12月時点）	年収	2016年12月時点の雇用契約期間				
		全体	無期契約	有期契約1年以上	有期契約1年未満	期間不明
無期契約	継続	0.0	0.0	0.0	0.0	0.0
	転職	0.0	0.0	-20.0	-46.0	21.0
有期契約1年以上	継続	0.0	0.0	0.0	0.0	0.0
	転職	0.0	0.0	0.0	0.0	0.0
有期契約1年未満	継続	0.0	40.0	0.0	0.0	7.0
	転職	10.0	54.0	48.0	0.0	6.0
期間不明	継続	2.0	10.0	0.0	10.0	2.0
	転職	0.0	31.0	20.0	0.0	-20.0

注：対象は2015年の学卒非正規雇用者で、2016年も学卒雇用者。年収変化は、労働時間に対する主な仕事からの年収の2015年から2016年の差額変化分とし、そのウェイト付きの中央値を計算した。

では、期間不明だった人が仕事を辞めて転職したときに、年収はどうなるのでしょうか。新しい勤め先で無期契約を結ぶことができたとすれば、年収変化は31・0万円と大きな増加が期待できますし、1年以上の有期契約になっても20・0万円も増えています。ただし、転職後の別の仕事でもふたたび期間不明になってしまうとすれば、今度は20万円も減ってしまうことになります。

期間不明が生じる職場には、「水商売」「客商売」などを例として、経営が不安定で、かつ雇い手に比べて働き手の賃金などの交渉力が弱い場合も少なくありませんでした（第5章・表5－3）。そんな期間不明の職場で働いている人のなかには、まったく別の仕事をする職場に転職することで、無期契約や長期の有期契約の機会を獲得することが困難な場合もあるでしょう。だとすれば、収入の低い仕事であったとしても辞めるに辞められず、わずかでも収入が増える可能性が残されている今の仕事を否応もなく続けているというのが、期間不明で働く人々の多くにとって現実なのかもしれません。

仕事満足度の変化

期間不明者が、処遇は必ずしもよいといえないにもかかわらず、仕事を続けざるを得ないという複雑な状況におかれていることは、年収の変化のみならず、契約期間移行に伴う仕事満足度の変化からも見て取れます。

第6章の考察では、仕事そのものへの満足度が、期間不明は有期や無期に比べて劣っている場合が多いことを確認しました（表6－6）。2015年時点で「仕事そのものに満足していた」かという質問に対し、「あてはまる」「どちらかというとあてはまる」のいずれかを選んでいるのは、期間不明者のうち、3人に1人程度にとどまっていました。

当初は期間不明だったそんな学卒非正規雇用者について、契約期間移行の前後で、仕事満足度がどのように変化したのかを調べた結果が、図7－2になります。

期間不明から1年以上の有期契約に移行した人々は、移行前の満足度が23・4％と抜きん出て低くなっていました。それも移行後には30・9％と大きく増加しています。表7－2では期間不明の2割程度が1年以上の有期に移行していましたが、特に仕事満足度の低かった人が、そのような移行を決めたのでしょう。ただ表7－6から考えると、期間不明から1年以上の有期契約に移ったとしても、年収の増加はあまり期待できません。実際、年収が増えなかったとしても、職場での仕事の明確な見通しが開けたことなどを通じて、満足度は高まったと考えられます。

図7-2　期間不明からの移行別にみた仕事満足度

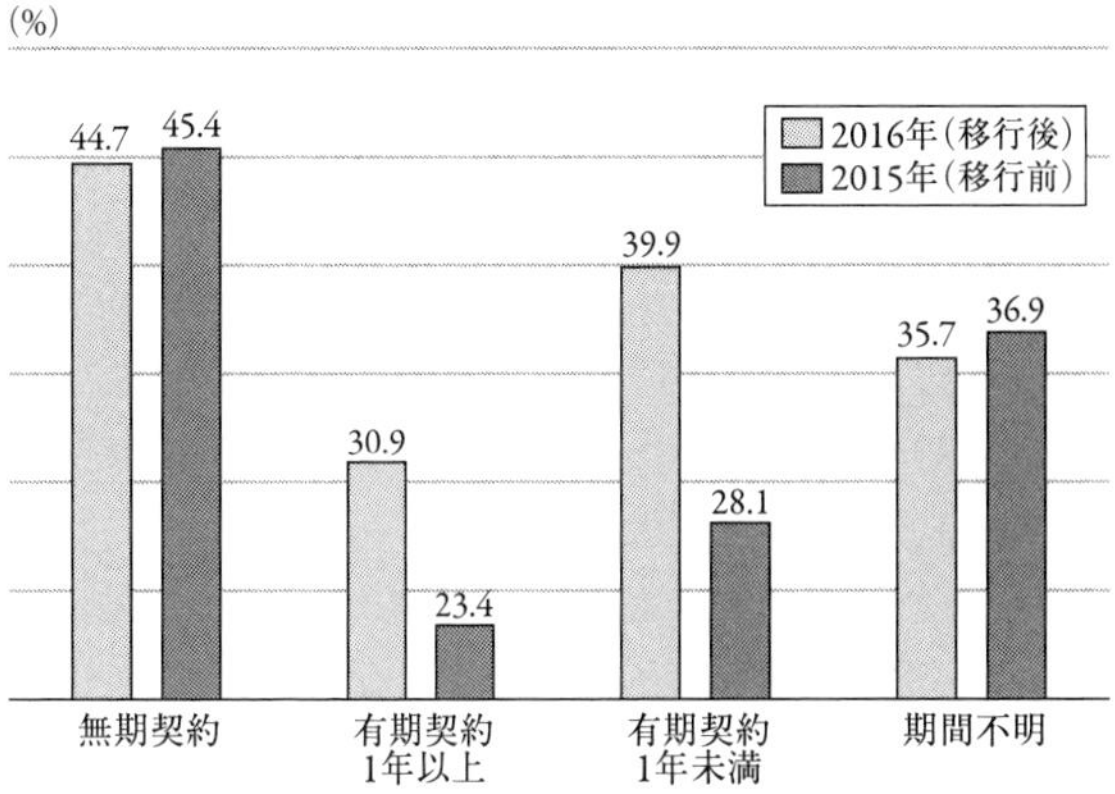

期間不明から1年未満の有期契約に移行した人についても、仕事満足度には大きな改善がみられます。当面の先行きは短期的にしか定まっていないのですが、ここでもやはり仕事満足度がもともと高くなかった人々は、契約が明確になったことで、状況の改善を感じることができたのでしょう。

一方、期間不明であるにもかかわらず、相対的に高い満足度を仕事から感じていた人ほど、翌年に無期雇用に移行していることがわかります。不安定で処遇の芳しくない仕事であっても、そこになにがしかのやりがいを見つけ出し、努力をしてきた期間不明者のなかには無期契約のチャンスが訪れることがあるようです。不明瞭な状況であっても、それなりに充実した仕事をすることで、期間不明と無期契約のあいだにある曖昧な境界線を乗り越えられることもあるのでしょう。

さらに図7－2からは、期間不明の仕事でも一定の満足を感じていた人ほど期間不明を継続し、以前と同程度の満足を維持していることもわかります。明確な契約に比べて不安定で処遇がよくない割に、継続すればある程度の収入増加や満足が維持できるとするならば、期間不明の状態を続ける人が今後も一定程度存在することは避けられないのかもしれません。

だからこそ、これまで顧みられることのなかった、契約期間が不明な仕事を選ばざるを得ない人々の状況について、本人がすき好んでやっていると決めつけることなく、まずはその複雑な実情について、もっと理解を広げていくことが必要でしょう。

契約を踏まえたキャリア

本章では、同一個人を追跡調査したパネル調査を用いて、契約期間の移行状況とそれに伴う処遇の変化についてみてきました。

在学中を除く学卒の非正規雇用だった人の翌年の状況に着目してきましたが、正規雇用だった人々の状況についても、簡単に述べておきます。

正規雇用では、2016年と2017年の両年を通じて無期契約を続けている場合が約9割と、大部分を占めていました。ただ、そのことは言い換えれば、全体の1割の正規雇用が、翌年には有期契約に切り替わるか、そうでなければ期間不明になっていることを意味しています。無期契約を終了した正社員は約2割が有期の契約社員や嘱託になっているほか、有期契約に変更後も正社員と呼ばれ続けている場合も約7割と少なくありませんでした。

第4章でも言及したように、現在は有期契約の正社員も少なからず存在しています。全国就業実態パネル調査の対象にも、有期契約の正社員が含まれていますが、そのうち1年以上の有期契約の約6割、1年未満の有期契約の約4割が、翌年には無期契約に移行していました。その結果は、**正社員として採用するにしても、当初は有期契約を結び、その間の仕事ぶりをみて、無期契約に切り替えるかどうかを判断するといったケースが、今や珍しくなくなっている**ことを物語っています。

本章のパネル調査による分析からは、これまであまり知られることのなかった契約の移行に関するさまざまな事実が明らかになってきました。特に非正社員のあいだで、無期、有期、不明をめぐり契約期間が移り変わる状況が、一年という短い期間でも頻繁に発生していることは、重要な発見の一つです。これからは、正規・非正規の呼称や、転職するか否かにかかわらず、多くの人々が、一生を通じてさまざまな雇用契約を経験する可能性が大きいことを、念頭におく必要があるでしょう。

働くキャリアを考える場合、「どうやって正社員になるか（続けるか）」「非正社員をいかに避けるか（逃れるか）」といった、正規・非正規という呼称に基づき将来を見通すというのが、これまでは一般的でした。しかし、**今後の働くキャリアは、どのような雇用契約を積み重ねていくかという観点から考えていくほうが、冷静で正確な判断につながる**ように思います。

そこでは、一生を通じて無期契約で働くことが理想だとしても、それが多くの場合、困難であるといった厳しい現実もみえてくるはずです。代わりに若いうちは有期契約の機会を活用し、まずは希望する働く現場に入り込んで多くの経験を積み重ねながら、無期契約という安定雇用のチャンスを勝ち取るといったことも、自分の目指すキャリアを実現する方策の一つになるでしょう。さらには、一定の年齢に達した後など、無期契約から有期契約にどのタイミングで切り替えることが望ましいかという、実践的な話し合いを冷静に会社と進めることも必要になります。

ふだんの生活のあり方に密接にかかわる就業時間と、ここまでみてきた契約期間を二つの軸に働き方を決めることがもっと重視されるようになれば、正社員や非正社員といった曖昧な呼称は、次第にその意味を失っていくことになるかもしれません。契約期間が不明であることに伴うトラブルを解消していくには、契約に基づいて雇用を考えるという意識が社会全体にもっと普及することが求められます。そのためには、雇う側も雇われる側も、雇用関係は契約であることを、これまで以上に意識し、お互いに内容を十分に確認し合いながら、望ましい契約についての合意形成を行う努力が大切になるのです。

1――私も、全国就業実態パネル調査には調査設計委員会の委員として関わらせていただいています。
2――第2回調査では、2017年が初めての回答となる回答者約1万4000人の追加調査も行われています。
3――ウェイトは、性、年代、就業状態、居住エリア、学歴別に設定されています。本章では、第1回目から第2回目にかけて一部の回答が脱け落ちたことの影響を考慮した脱落調整ウェイトを用いて、すべて分析を行っています。

4——働く状況に関する代表的なパネル調査としては、家計経済研究所「消費生活に関するパネル調査」、慶應義塾大学「慶應義塾家計パネル調査（KHPS）」「日本家計パネル調査（JHPS）」、東京大学社会科学研究所「働き方とライフスタイルの変化に関する全国調査（JLPS）」などがあります。
5——高橋康二（2010）「契約社員の職域と正社員の実態」労働政策研究・研修機構ディスカッションペーパー10-03.

結章

契約から考える雇用の未来

さらば二分法

最後に本章では、これまでの考察を通じて、どのようなことが明らかになったのかを、あらためて整理してみたいと思います。

本書の第1章では、一般に広く使われている「正規・非正規」もしくは「正社員・非正社員」という雇用者の区分は、厳密な定義によるものではなく、あくまで職場での呼称による分類にすぎないことを説明しました。労働に関する法律にも「正規雇用者」という言葉は登場せず、もっぱら使用されているのは、何が正規かという価値判断を伴わない「通常の労働者」という言葉です。その一方で、雇用が多様化するなかで、何をもって通常の労働者とするのかという判断も難しくなっています。

正社員と非正社員のあいだの報酬差は、近年縮小する傾向もありますが、非正社員にはボーナスなどが支払われないことも多く、未だに大きな年収の違いもみられます。このような違いの理由としては、正規と非正規では、働く人の能力や仕事の内容の違いが大きいという考えもありますが、評価の難しさもあって、原因は未だに明確にはわかっていないというのが、現状です。

正規雇用と非正規雇用のあいだには、報酬以外にも、さまざまな違いがあることが指摘されてきました。表8－1には、その典型的なイメージの違いをまとめてみました。

まず正社員として働く人は、雇用される時点で、定年まで期間の定めのない無期契約を使用者とのあいだで結んでいるのに対し、非正社員は期間を区切った有期契約で働いているというイメージが強くあります。また正社員は就業規則で定められた通常の就業時間で働く一般時間就業者である一方、非正社員は、パート社員やアルバイトを念頭に、一日や一週間の就業時間が短い短時間労働者と、しばしば見なされています。

さらに正社員は、会社という組織のなかで中核的な業務を担うメンバーとして、幅広い責任や判断が求められる「メンバーシップ型」の雇用者であると想定されています。賃金などの決定についても、その人自身の能力評価が強く加味された職能給が基本とされてきました。対照的に非正社員は、正社員を一時的・臨時的に補助する周辺的な業務の担い手であり、決められた仕事だけが任務となる「ジョブ型」の雇用者と考えられてきました。そのため、非正社員には、従事する仕事ごとに報酬が定まっている職務給が支払われると想定されてきました。

加えて正社員には、職場でのオン・ザ・ジョブ・トレーニング（OJT）を通じて、無期雇用の長期にわたって能力を開発する機会が提供されるのに対し、短期雇用の非正社員には能力開発の機会は乏しいというのが、広く一般に行き渡ったイメージだったと思います。

これらのイメージは、たしかに正規と非正規の違いを、ある程度は正

表8-1　正規・非正規雇用の典型的特徴(イメージ)

正規雇用	非正規雇用
無期契約	有期契約
一般時間就業	短時間就業
メンバーシップ型	ジョブ型
中核的業務	周辺的業務
能力開発多	能力開発少

確に表現していると思います。しかしながら本書で示したのは、表8－1で示したような単純な二分法ではとらえられないほど、雇用が多様化している現実でした。第3章で実際の統計を用いて確認したように、無期契約で働く非正社員は既に珍しくないですし、短時間就業の正社員もこれからますます増加することが予想されます。さらに第4章の考察からは、職場で正社員と呼ばれているか否かにかかわらず、一定期間のプロジェクト遂行のための高度かつ専門的な業務を担う有期契約の人材が必要とされていることが示唆されました。プロジェクトの達成に重要な人材には、無期契約でなかったとしても、一定の能力開発の機会が広く提供されていました。

今後は、正規・非正規という二分法にとらわれすぎることなく、もっと多様なかたちで実態をみていくことが、変化の進む雇用社会の正確な理解につながるはずです。

重要なのは契約期間

では正規と非正規の二分法から脱却し、変化する雇用の実態を理解するには、どのような視点が求められるのでしょうか。本書を通じて提案してきたのは、契約期間にもっと注目していくことの重要性でした。

雇用の安定化を広く実現することを目的に、これまでも多くの法律が制定され、さまざまな政策が実行されてきました。ただし、国や政府が特定の働き方のみを「正しい（正規）」と価値判断することの危険性に鑑み、法律でも政策でも一部を除き、（非）正規雇用という概念を利用することは、慎重かつ巧みに回避されてきました。

その代わりに法律や政策が重視し続けてきたのが、第2章でも確認した、契約期間でした。労働基準法では、労働契約を締結する際に、期間の定めのない無期契約か、期間の定めのある有期契約であるか、有期契約である場合には、具体的な契約期間、契約更新の有無やそのための条件などを書面で明示するように義務付けています。

雇用の安定には、無期契約が普及することが一義的には望ましいのですが、雇い手および働き手双方のさまざまな事情のため、有期契約で働く人々は、過去から現在に至るまで少なくありませんでした。そこで有期雇用の状況を改善するために、これまでもさまざまな対策が講じられてきました。

なかでも契約期間が1年以内の臨時雇・日雇労働者の雇用をいかに安定させるかは、これまでずっと重要な政策課題でした。１９７０年代や80年代までは、製造工場や工事現場などで働く臨時雇・日雇が多く、ものづくりの現場は、先行きの見通しが不透明な短期雇用の労働者によって支えられてきました。臨時雇・日雇は減少傾向にあるものの、今もサービス業の現場で欠かせない存在となっています。**非正規という言葉が象徴する不安定雇用問題の本質の一つは、臨時雇・日雇の短期雇用者にいかに安定した仕事や生活を可能にするかという、これまでと変わらないテーマ**なのです。

有期契約は、かつては臨時的・補助的な業務であることを念頭に、原則は最長1年と限定されてきました。ところが有期契約であっても、一定程度の期間落ち着いて業務に取り組むことが求められる場合が増えたこともあり、期間を最大3年とすることが認められたほか、一部の専門職には上限5年の有期契約も可能とされています。また有期期間中の解雇は厳しく制限されたり、有期終了後の雇止めも、事実上の無期契約とみなされる場合は認められないといった、有期雇用者を保護する法整備もなされてきました。

またリーマン・ショック後に「日雇派遣村」が話題になるなど、非正規雇用に注目が集まるきっかけの一つともなった派遣労働者には、3年を超えて働いた場合、派遣先への直接雇用の依頼や派遣元への無期雇用などの措置が講じられています。今後は派遣を継続するため、無期契約に転換された専門職である派遣労働者の増加も期待されています。

有期雇用にとって何といっても大きかったのは、無期転換ルールの成立です。それは、2013年4月以降に結ばれた有期契約が通算して5年を超えて繰り返し更新された場合、労働者が申し込むことで無期契約に転換されるというルールです。申し込みの権利が発生する2018年4月以降、有期雇用から無期雇用への転換がどのくらい進むかに注目が集まります。

にもかかわらず、無期転換ルールの存在を知らない有期雇用者は少なくありません。有期や無期の労働契約の観点から雇用のための法律や制度をいかに整備したとしても、そもそも契約についての社会全体の認識が広まらなければ、有効な手立てを実施することは困難です。これからは曖昧な正規・非正規といった言葉にとらわれることなく、契約期間に則って雇用問題を考えることが、社会全体にもっと定着してほしいと思います。

長期的コミットとキャリア志向

表8-2　契約期間と就業時間による4つの雇用パターン

		契約期間	
		無期契約	有期契約
就業時間	一般時間	組織型業務遂行 長期コミット対応 構成比 54% 正社員率 97%	プロジェクト型業務 キャリア志向対応 構成比 20% 正社員率 28%
	短時間	WLB 対応型業務 人材確保対応 構成比 5% 正社員率 51%	臨時・補助型業務 不安定就業対応 構成比 21% 正社員率 3%

注：構成比と正社員率はリクルートワークス研究所「全国就業実態パネル調査」（2016年）から計算。構成比は雇用契約期間が「わからない」場合を除く2015年時点での雇用者（役員以外）に占める割合。実際には背後に約10%に及ぶ契約期間が不明の雇用者が存在している。

このような契約期間と、職業生活にとって大切になる就業時間を組み合わせることで、現在生じている多様化する雇用社会の特徴をコンパクトに描き出すことができます。契約期間を無期契約と有期契約、就業時間を週35時間以上の一般時間と35時間未満の短時間に区分し、四つのパターンをその特徴別に分類したものが、表8－2になります。表には本書の多くの分析で用いたリクルートワークス研究所実施の全国就業実態パネル調査から求めた、各パターンの雇用者数構成比と正社員率も示されています。

四つのパターンのうち、表8－1に示されたような、正規雇用のイメージに最も合致するのは「無期・一般」型雇用です。その特徴は、第4章で説明したように、会社全体の組織的業務を遂行する主要メンバーであることです。その上で、無期・一般型人材には、組織を維持・発展させていくための長期的コミットメント（達成責任）が求められ、長年にわたり業務の責任や負担を背負い続ける覚悟と忍耐が必要とされます。ただし、負荷の大きい分、雇用を継続し実績を積んでいけば、それだけ多くの報酬を得ることも可能です。

かつては、大学を新卒で卒業した男性は、ほぼ全員がこの無期・一般型人材になることを会社から期待されていました。しかしながら、先行きの見えないなか、長期の組織運営がますます困難な任務になっていくにつれ、つねに会社全体のことを考え、組織を最優先して行動するといった人々のみが、厳選されて無期・一般型人材になる傾向も強まっています。正社員については、将来の雇用が長く保障されることで「安心」というイメージも付随していたのですが、**無期・一般型人材は、安心よりはむしろ組織に対する責任や覚悟がより強く問われる働き方という面がこれからは強まっていく**でしょう。

現在、無期・一般型人材は雇用者の54%と、半分を若干上回る程度です。加えて無期・一般型人材の97%は、勤め先で正社員と呼ばれており、ほとんどが正規雇用です。今後、企業による組織の運営を将来にわたって担い得る人材の厳選採用が進み、さらに働く側にも大きな負担を避けたいという傾向が強まるならば、正規雇用としての無期・一般型人材は縮小していくことも予想されます。

それに対し、今後拡大が予想されるのは「有期・一般」型雇用です。なかでも比較的長期の有期契約で働く契約社員や嘱託社員などの非正規雇用のほか、有期契約で働く正社員も、このパターンに該当します。具体的には、有期・一般型人材のうち、72%は契約社員や嘱託などの正社員以外の呼称で働いていますが、残りの28%は有期の正社員という構成になっています。

有期・一般型人材の主な特徴は、なんといってもプロジェクト型業務の遂行を担う人材であることです。経営判断として立ち上がった時限付のプロジェクトを完遂すべく、プロジェクト型雇用である有期・一般型人材は、既存組織内の無期・一般型人材が持っていない希少な技能を、期間中に発揮する人材として処遇されることになります。

経済環境の不確実性や企業間での競争に激しさが増すなか、大規模な組織ほど、迅速かつ柔軟な経営判断を行うため、硬直的な組織単位の業務よりも、柔軟なプロジェクト単位の業務のウェイトが高まっています。そのようなプロジェクトの成功は、無期・一般型人材と有期・一般型人材が相互補完的に働き、それぞれの役割についてどれだけ責任をもって業務に携わるかにかかっています。

それだけ有期・一般型人材にも、独自の技能に見合った報酬が支払われなければ、採用・確保は困難です。またプロジェクトの成果を最大にするため、企業は有期・一般型人材にも一定の能力開発の機会を提供していることを本書では確認しました。

有期・一般型雇用には、そのプロジェクトにかかわる過程で自らの技能を高めることで、将来的には無期・一般型雇用に登用される可能性もあります。また特定の組織で働き続けるのではなく、転職により複数の異なるプロジェクトを経験しながら、技能を高め続けていくことを希望する有期・一般型人材も出てきます。このように有期・一般型雇用では、プロジェクト遂行を通じて自らのキャリアを形成していこうとする志向が強まることになります。

さらに今後、高齢就業者がいきいきと働く手段としても、有期・一般型雇用の機会は貴重です。定年で無期契約を終了した後にも、経験を長年積んできた有期・一般型人材の高齢者には、プロジェクトの運営に必要な助言・指導のほか、ベテランらしい職人技を発揮することも期待されます。それは、50代に差しかかった雇用者が、一般・無期型から一般・有期型に円滑にスイッチできるよう、60代以降のキャリアを考えるきっかけにもなります。

現在、このような有期・一般型人材は、雇用者の20％を占めるまでになっています。**正規・非正規の二分法では見過ごされてきた、この有期・一般型雇用として充実したキャリアを歩んでいく人が増えていくことが、多様性のある雇用社会の実現には欠かせません。**

人材確保と不安定雇用

有期・一般型雇用と並んで、今後拡大が予想されるのが、表8－2中の「短時間・無期型」雇用です。ここには、無期契約で働くパートタイム労働者や、短時間就業の正社員などが該当します。無期パートや短時間正社員を選択する人々に共通するのは、仕事と生活の両立（ワーク・ライフ・バランス：ＷＬＢ）を安定的に実現するため、落ち着いて短時間勤務の仕事を継続することを望んでいる点です。

幼児を抱えていながら、休業などで一時的であったとしても仕事を断念したくない正社員女性は、子どもの送り迎えなども可能な短時間勤務を希望することが多くあります。パートタイムで働く人々にも、育児や家事のほか、現在は家族に要介護者を抱えているといった制約を理由に、短時間しか働けない場合もあるでしょう。特に介護はいつまで続くかがわからない分、無期契約で将来まで働き続けられることが保障されているのは、大きな安心につながります。**性別や年齢にかかわらず、仕事と生活の両立を希望する人々にとっては、ＷＬＢ対応を可能にする短時間・無期型雇用は魅力の大きな選択肢**となるはずです。

このようなＷＬＢ対応型業務としての短時間・無期雇用の拡大の追い風となっているのが、人手不足の恒常化です。長年経験を積んできたパート社員は、一般社員を含む他の社員にはない経験や熟練を有している場合も、実際には珍しくありません。そのような人材が会社からいなくなることで業務全体に支障を来すことをおそれる会社は、無期契約を提案することで貴重な人材の確保を実現しようとするのです。

さらに人口減少の影響もあって人手不足が深刻になっている中小企業やサービス関連業種など、無期契約の短時間労働者は、今や不可欠な存在です。現在、短時間・無期型雇用は、全体の５％程度にすぎませんが、今後拡大が確実な働き方です。[1] かつこの部分は51％が短時間勤務の正社員であり、残りが無期契約のパート社員などで占められており、正規雇用と非正規雇用がほぼ半々の状態にあります。その意味で、短時間・無期型雇用は、正規・非正規にかかわらず、貴重な人材を確保するための重要な選択肢の一つとなっていくでしょう。

その上で、残されたのが「短時間・有期」型雇用です。短時間・有期型は、従来からの非正社員にまつわる不安定雇用というイメージと最も重なる部分が多い働き方です。なかでも契約期間が1年以内と短い臨時雇・日雇は、過去から現在まで不安定雇用の中心的な存在となってきました。その上でさらに短時間就業ということになると、仕事から得られる年収も少なく、日々の生活にも多大な困難が予想されます。また短期間限定の臨時的・補助的業務となれば、将来を見据えた能力開発が職場で行われる可能性も乏しくなります。

表8－2をみると、このような不安定就業である短時間・有期型人材は、雇用者全体の21％を占めており、ほとんどが非正社員です。非正社員のなかでも、一般・有期型や短時間・無期型などに比べて就業が不安定なことが多い短時間・有期型雇用には、重点的な対策が引き続き求められます。実際、これまでの雇用安定に向けた対策の多くは、有期雇用や短時間労働を対象として実行されてきました。努力をしても無期契約で働く機会がなかなか得られない人が、同時に家庭や職場の事情で短時間でしか勤務できない状況は「二重のハンディキャップ」を背負っているともいえます。２０００年代以降、非正規雇用に注目した研究も数多く蓄積されてきましたが、さらに短時間・有期型雇用の実情に迫る研究、そしてそれに基づいた取り組みは、これからも必要

になります。

契約期間が不明の深刻

本書の第5章と第6章では、従来から雇用の不安定さが深刻視されてきた短時間・有期型雇用だけでなく、ときにはそれ以上に困難な状況にさらされている存在として、自分の雇用契約期間がわからない人々の実情に注目してきました。このような期間不明の人々が400万人以上にのぼるという事実は、2012年に就業構造基本調査という政府調査によって初めて明らかにされたものです。その調査と続くリクルートワークス研究所実施の全国就業実態パネル調査から共通して、非正社員の2割弱程度が期間不明の状態に陥っていることも新たに発見されました。

期間不明は、経営が不安定だったり、働き手の交渉力が弱い職場で多く見られます。自分の雇用契約期間がわからない状況は、中学での学業成績が芳しくなかった人、10代や20代前半の若い人々、在学中にアルバイトで働いている人々、大学に進学しなかった人々、規模の小さい会社で働いている人々などで特に多く発生していることも判明しました。

長く勤めている人ほど当初の契約期間を忘れているのではないかという意見もありますが、期間不明は実際には働きはじめた直後からずっとその状態が続いていることが多くなっています。それは、労働契約を結ぶ時点で、契約期間を含む労働条件を書面で明示しなければならないという、労働基準法で使用者に定められた義務が、事実上、多くの職場で果たされていないことを物語っています。

　雇用契約期間が、有期か無期かわからなかったり、有期だとしても何年先まで働けるのかがわからないことは、将来の仕事や生活の見通しを持つことを難しくします。加えて期間不明であることは、さまざまかたちで労働条件の悪化ともつながっていました。期間不明の非正社員は、明確な無期や有期の非正社員に比べても、年収が低く、時間あたりの賃金単価も少なくなっています。また新しい知識や技術を習得するための職場での指導や訓練を受ける機会も著しく乏しい状況にあります。契約期間が不明である場合には、雇用保険に加入しているかも不明だったり、契約更新の慣習がなかったり、更新の可能性すらわからないことも多くなっていました。これらの状況もあり、期間不明者の仕事満足度は、他に比べて高いとはいえません。

　ただ、個人を追跡したパネル調査を用いて、契約期間不明のその後の状況を第7章で調べると、翌年には無期契約になっている場合もあるなど、無期と不明の境界はときに曖昧であることも発見されました。一方で、労働条件が一般にはよいとは言えない期間不明の仕事を続けることが、一部の人にとっては収入を最も増やしやすい選択だったり、仕事からの満足をそれなりに維持できたりするため、辞めるにも辞められない現実があることも、第7章では垣間見られました。

　今後、非正規雇用の処遇を改善していくには、特に困難を強いられている期間不明者の状況を改善していくことが重要です。そのためには、なんといっても期間不明という状況をできる限り生じさせないことが求められます。第6章では、働く人々の利益を代表する組織や手段が職場に確保されていたり、就職の際に労働法などの専門的な知識を持つ人々が仲介を行っているようなときには、期間不明が起こりにくいこともみました。

この本を読んで、実際に自分の雇用契約期間が正確に伝えられていないことに気づいた人は、どうすればよいでしょうか。もし職場に従業員の利益を守るために頑張っている労働組合があれば、まずは相談してみてはどうでしょう。労働組合には、会社側と交渉することで劣悪な雇用条件の改善を求めたり、違法な状況に対しては弁護士の力などを借りて対抗する努力をしているところも少なくありません。組合の活動に賛同して加入すれば、自分だけでなく、職場の仲間全体を助けることにもつながります。

職場に労働組合がない場合には、連合が設けている「労働相談フリーダイヤル」に電話してみるのもよいでしょう。そのほか、あらゆる法律のトラブルに対処するために国が設置した「法テラス」にも相談できます。いずれも労働問題に詳しい法律の専門家が丁寧に応対してくれるはずです。[2]今後も、労働組合など従業員の声を代表する組織を強化したり、専門的な機関に労働契約についてもっと相談をしやすくするといった環境整備が、期間不明の解消には大切になってくるでしょう。

では、期間不明という状態に陥ることでさまざまな困難を強いられるのを避けるためには、これらの環境整備とならんで、働く一人ひとりは、どんなことを心がければよいのでしょうか。

期間不明への対応

本書でも繰り返し述べてきたように、労働契約を結ぶ時点において、使用者は雇用期間を含む労働条件を書面で明示することが、法律によって義務付けられています。加えて誰もが知っておくべきなのは、**労働契約は、実際に働き始めた時点ではなく、使用者が雇うことを約束し、雇用者も働くことを約束した時点で、既に成立している**ということです。

そのため、就職が内定し、「来年の4月から採用します」といった採用内定通知があり、「入社します」と誓約書に合意した時点で労働契約は成立し、労働条件が明示されなくてはなりません。実際、新卒採用などでは、内定式の日に労働条件通知書が渡される場合もあるようです。これからは、採用内定の通知が届いた時点で、労働条件通知書が同時に渡されることが常識になっていけば、契約期間の不明ということは、現在よりも減っていくように思います。

一方、労働契約が成立したにもかかわらず、「給料や契約期間は、実際にあなたの働きを見てから決めます」などと言われた場合、それは労働基準法に違反する行為です。そのようなときには、「労働条件を確認したいので、労働条件通知書をください」と、毅然として会社側に申し出ることが必要です。

しかし、はっきり主張すると、権利にうるさい面倒くさい新入社員として煙たがられ、ときには内定が取り消しになるのではないかと心配になり、労働条件を訊きたくても訊けないという人もいるかもしれません。けれども、労働契約がすでに成立した後では、社会の常識にかなう納得できる理由がない限り、内定取り消しは無効です。内定取り消しが認められる理由としては、新卒のはずが学校を卒業できなかった、仕事に必要な免許や資格が取得できなかった、健康が悪化して働けなくなった、履歴書の記載が事実と異なっていたなどに限られます。このような状況にあてはまらない限り、労働条件の明示を求めることは、働く側の正当な権利ですので、遠慮なく申し出るべきでしょう。

もしそのような申し出を行っても、なんやかやとはぐらかし、契約期間などの労働条件を明示しようとしない場合には、その就職先は雇用管理に問題のある会社だと冷静に考えておくことも必要です。経営者や会社の人事担当者が、労働に関するルールの基本的な知識に欠けているか、ルールを知っていてもあえて守ろうとしないかの、いずれかの可能性が高いからです。ルールを守る意識が希薄な以上、実際に働き始めてからも、違法な残業や賃金の不払いなど、トラブルに遭うおそれも少なくありません。

会社の雇用管理の実態を見極めるには、内定を得る直前に「採用が決まったら、労働条件通知書をいただけるでしょうか」と申し出てみることも一案です。もし書面での通知を渋るような会社であれば、契約に合意すること自体を考え直すことも大切です。特に有期契約の成立後は、期間中に使用者は解雇できないだけでなく、雇用者も勝手に辞めることは本来できません。その意味でも労働契約に合意するかどうかは、働く本人も慎重に判断しなければならないのです。

困ったときの相談先

ただ、苦労して決まった就職先であればあるほど、労働条件の明示がなくても、会社を信じて働きたいと思うことがあるかもしれません。また労働条件は示されていたものの、実際に働き始めると、賃金や雇用期間などについて、当初の約束とは違うといったトラブルが生じることもあります。

働き始めた後に、労働条件を依然として明示されなかったり、実際の内容が条件と異なるといった場合には、厚生労働省が全国に設置している「総合労働相談コーナー」を訪れたり、電話をするなど、すぐに相談してほしいと思います。

総合労働相談コーナーは、ありとあらゆる労働問題に関する相談に対応するために設置されたものです。そこでは社会保険労務士や会社で人事・労務の仕事を長年担当してきた経験者など、専門の相談員が無料で相談に応じてくれます。所在地や電話番号などは、ハローワークなどでも近隣の相談コーナーを教えてくれるほか、インターネットで「厚生労働省　総合労働相談コーナー」で検索すると、すぐに出てきます。また職場でのセクシャル・ハラスメントの相談など、女性の相談員がいる相談コーナーもインターネットで調べることができます。

このような総合労働相談コーナーには、２００８年度以降、全国で毎年１００万件を超える相談が寄せられています。相談内容として最近では、職場でのいじめ・嫌がらせが最も多くなっているほか、自己都合退職や解雇、労働条件の引き下げ、退職勧奨にまつわるトラブルも多いようです。寄せられた相談に対しては、法律などの必要な情報を提供してもらえます。さらに、深刻な個別労使紛争には解決を求めて、都道府県の労働局長による助言・指導の申し出を行ったり、弁護士や大学教授、社会保険労務士など専門家によって構成される紛争調整委員会によるあっせんを申請することもできます。

また労働基準法に違反する疑いがあるものについては、労働基準監督署やハローワークなどへの取り次ぎが行われ、法律に基づいた行政指導などが行われています。実際、労働基準法などに違反する疑いのある相談は、２０１６年度には約20万８０００件にのぼっていました。

今回本書を執筆するにあたって、自分の雇用契約期間がわからないという相談が、総合労働相談コーナーに寄せられた場合、どのような対応がなされるかを、厚生労働省の担当者の方にうかがってみました。すると、相談があった場合には、すぐに労働基準監督官に取り次がれ、監督官から法律違反の疑いのある会社に対して指導・監督が行われるということでした。労働基準監督官は、法律で定められた労働条件が守られるよう、あらゆる職場に立ち入り調査ができたり、労働法の悪質な違反者に対しては逮捕する権利を持つなど、働く現場での労働法の番人として大きな権限が与えられています。相談者のプライバシーに配慮し、匿名での相談も受け付けているそうです。

自分だけで職場の問題に対応することが難しくても、総合労働相談コーナーに相談することで、契約期間不明とそれに伴うトラブルを解決することは可能です。ただ、総合労働相談コーナーの存在は、ハローワークなどに比べて、あまり知られていないのが実情です。もし家族や友人など、職場でのトラブルで悩んでいる人が近くにいるとすれば、総合労働相談コーナーに相談することを、ぜひ伝えていただきたいと思います。

空気を読むな、契約を読め

本書では、これからの働き方を考えるとき、契約された雇用期間が、就業する時間と並んできわめて重要な意味を持つことを述べてきました。だからこそ、自分の契約期間がわからない人が400万人を超え、なかでも非正社員のおよそ5人に1人が期間不明である状況はすみやかに解消していかなければならないことも指摘しました。

ただし、このような契約こそが大切といった考えに対しては「現実は、そのようにはいかない」という批判が、すぐに聞こえてきそうです。たとえば契約で終業の時間がいかに決められていたとしても、職場の雰囲気もあり、とても自分だけ契約通りに帰宅することなどできないといわれたりします。また有給休暇を取りたくても、周りの人が取らない以上、自分だけ取れるような空気ではないということもあるようです。それだけ職場の雰囲気や空気は、契約以上に実際の働き方には影響が大きいというのです。

しかし、**どんな事情があるにせよ、法律で定められた契約は、職場の雰囲気や空気よりも尊重**

されなければならないものです。異常なほどの長時間労働も、業務過多による過労や心身の傷病発症なども、突き詰めれば契約で定められた業務内容が完全に無視されていることに起因しています。契約通りに働くことを希望したために、職場でいじめや嫌がらせに遭うようなことは絶対あってはならないことですし、万が一そのような状況が生じた場合には、それこそ総合労働相談コーナーなどにすぐに相談することが大切です。

契約、契約と言いすぎることは、仕事をやりにくくするといった批判もあるかもしれません。もし誰もが自分の契約内容だけに固執するようになれば、職場のチームワークも悪くなり、柔軟に仕事を助け合うのが難しくなることを心配する声もあるでしょう。ですが、それぞれに定められた契約内容をないがしろにして初めて成り立つチームワークなど、はたして本当のチームワークといえるのでしょうか。むしろ、**これからは一人ひとりの雇用者の権利が大切にされていると誰もが思えるところにこそ、風通しの良い職場での真の協力関係が生まれる**ように思います。

かつての工場勤務のように、職場で働いている人の誰もが同じような労働契約のもとで、同じような労働条件で働いていることが当たり前だった時代には、それほどお互いの働き方の違いを意識することもありませんでした。しかし、本書を通じてみてきたように、現代の多くの職場は、契約期間や就業時間など、まったく異なるタイプの労働契約に基づいて働いている人々によって成り立っています。だからこそ、契約内容の違う人々に、自分と同じような働き方を求めることはできないという了解が、お互いに求められるのです。

多様な雇用契約が併存している職場では、実はお互いの契約内容をよく知らないということも、案外多いかもしれません。だとすれば会社と雇用者のあいだで雇用契約の内容を明確にするだけでなく、職場の雇用者同士でもそれぞれの契約について十分に意思疎通をしておくことが、トラブルを避けるためにも大切になります。

職場の意味不明な空気を読むよう求められることなく、明確に定められた雇用契約が各自尊重されるのは、どんなときでも働くことの大前提です。**契約が尊重されながら、その上で職場の仲間同士が状況に応じて助け合い、相互に高め合える新しい雇用契約社会を実現していくことこそ、真の意味での働き方改革**といえるでしょう。

残された課題

最後に労働契約という観点から、望ましい雇用社会の実現に向けて、今後さらなる検討が必要と思われる課題のいくつかを述べておきます。

まず、本書で対策の必要性を強調してきた雇用契約期間の不明には、若年者や入社直後の人々など、働く経験の乏しい人が陥りやすいことをみてきました。加えて、期間不明の問題が実際に深刻化する可能性のある人々として、外国人労働者の問題が考えられます。

厚生労働省の調べによれば、２０１６年10月末時点において、日本国内には約１０８万人の外国人労働者が就業しているといいます。現在、外国人労働者を雇う場合、事業主はハローワークに届け出ることが義務付けられていますが、2007年の義務化以来、その数は過去最高を更新しています。外国人労働者のなかには、日本で一定期間技能を習得することを目的とした「外国人技能実習制度」によって来日している場合や、高度な専門・技術職として在留資格が与えられて働いている場合が、それぞれ全体の2割程度にのぼっています。このうち、高度な専門・技術職に就いている外国人労働者については、明確な労働契約のもとに採用されていることが一般的なため、期間不明の問題はそれほど多くは起こっていないように思われます。

一方で、外国人技能実習生については、多くの実習現場で労働法に違反する事例が存在しています。2016年の厚生労働省の報告によれば、実習を実施している5672事業場のうち、実に7割にのぼる4004事業場において、労使協定を超えた残業、割増賃金の不払い、危険や健康障害を防止する措置の未実施といった労働基準関係法令の違反が確認されています。そのうち40件は重大・悪質な違反によって送検されてもいます。ここからは、技能実習生に対し、いかに雇用契約がないがしろにされているかがわかります。政府は外国人技能実習機構を通じて、実習の認定のほか、実地調査を行うことになっていますが、受け入れ先には法律に定められた契約を守るという意識の徹底が、まずは何より求められます。

さらに残りの約6割には、日本に留学している外国人学生がアルバイトなどで働いている場合や、日本人の配偶者である外国人が働いている場合などが当てはまります。特に来日して間もない外国人については、日本語による契約の内容を十分に理解していないことや、そもそも日本の労働基準法などの内容をまったく知らないといったことも懸念されます。このような状況では、外国人労働者などが期間不明のトラブルに少なからず遭っていることも考えられます。

今後、労働力人口の減少が進む日本社会において、外国からの移住者や労働者の受け入れをどのように考えていくかが、引き続き問われ続けることでしょう。どのような受け入れ方を選択するにせよ、**現実に日本に存在する多数の外国人労働者が、曖昧な雇用契約にさらされることで、職場のトラブルに直面しやすいといった状況を発生させないことが、日本の働く環境が成熟した雇用社会となるためにも求められている**のです。

さらに課題として、有期契約の専門職の範囲について挙げたいと思います。有期労働契約は原則として上限3年と定められていますが、専門的な知識、技術、経験を有する人々を雇用する場合には、上限を5年とする例外が認められています。また有期雇用から無期雇用への転換ルールは、有期契約が通算で5年を超えて繰り返し更新された場合に適用されますが、一部の高度専門職では、無期転換の申し込み権が発生する期間の上限を10年とする特例が設けられています。

本章でも指摘したように、有期契約かつ一般の就業時間で働く雇用者は、一定期間での成果が求められるプロジェクト業務を効果的に遂行していくために欠かせない人材となりつつあります。またプロジェクト完了後は、実績に応じて無期契約へと転換する場合があるほか、期間中に蓄積した技能や知識を活用して別のプロジェクトに転じるなど、長期的なキャリアアップのための重要な経路にもなっています。その意味でもプロジェクト型雇用を担う一般・有期型人材には、社会のなかに一定のニーズが存在しており、今後拡大していくことが望まれます。

ところが一方で、プロジェクト型雇用に適しているにもかかわらず、例外や特例として認められないため、5年が上限の有期契約を結べなかったり、10年間のプロジェクトに有期雇用として参加できない高度・専門職が、少なからず存在しています。現在、例外や特例の扱いを受けられる高度専門職は、博士の学位を持っていたり、医師や特許の発明者など、きわめて狭い範囲に限定されています。また特例の扱いが可能なシステムエンジニアなどについても、年収が1075万円以上といった、高い年収制限が課されています。

無期転換ルールの特例については、特例ルール成立から8年後にあたる2023年には見直しを行うことが当初から決められています。その際に、**政府が定める高度・専門職をより広い範囲に拡大することで、一定期間の継続就業が保障された一般・有期型雇用の機会を、キャリアアップの手段として活用できる人々がもっと増えていくための法整備も必要になる**でしょう。

これから先、労働契約を守るという意識や態度が社会全体に普及定着することは、労働者にとって安定した雇用条件の確保につながり、望ましい状況であることはまちがいありません。ただし、労働契約の順守が徹底されればされるほど、そこからの抜け道を探す動きが広がることも同時に予想されます。その具体的な動きが、個人請負、フリーランサー、クラウドワーカーなどと呼ばれる個人事業者の拡大です。これらの普及は、時間や場所等にとらわれない柔軟な働き方のカギになるという期待も寄せられています。

企業は、これらの事業者に対しては、雇用契約を結ぶことなく、あくまで業務として個人に発注することになります。受託した個人事業者は、柔軟な働き方ができる半面、雇用者ではないため労働契約を提示されることもありませんし、労働法に定められた労働者の権利が保障されることもありません。その結果、発注者である会社に比べて、個人事業者の交渉力が著しく劣るような場合には、期間不明の雇用者が直面しているようなさまざまなトラブルに遭遇することも懸念されます。

現在、政府も個人事業者の拡大予測を踏まえ、独占禁止法の適用など、その権利や保護のあり方についての検討が開始されています。今後はどのようにその議論が深まっていくのかをよく見守っていく必要がありますが、大事なことは、雇用に限らず、個人事業であったとしても、適切な契約の設定が欠かせないということでしょう。**雇用の場合には雇用契約、個人事業の場合には事業契約として、それぞれに適切な契約内容が結ばれ、実行されるための環境の整備が求められます。**

大事なのは、雇用者か、個人事業者かにかかわらず、あらゆる労働は契約のもとに成立するということなのです。

1――一方で、本書で活用した就業構造基本調査からは、短時間・無期型は、一般時間・有期型や短時間・有期型と匹敵するほど多くの人が働いている雇用形態になっています。詳細は玄田有史「呼称から契約へ――多様化する労働市場」『ビジネス・レーバー・トレンド』（2018年1・2月号）をご覧ください。
2——電話番号は、労働相談フリーダイヤルの場合、0120-154-052（いこうよ連合に）、法テラスでは0570-078374（なやみなし）となっています。

あとがき

本書の題名は『雇用は契約』です。ただ契約と聞くと、どことなく緊張するような冷たい印象をおぼえる方もいるかもしれません。

白川静『字統』（平凡社）から、契約の「契」の字の語源を調べてみます。下の大の字は、手足を広げて立つ人間の正面形なのだそうです。そして上の部分は、人の額に刀で印が刻まれた状態を示します。「その人自身が契約の対象物となるような、たとえば人身売買を意味することであったらしく」と。人身売買とは……。どうりで契という字はちょっとコワい。

幸い、私たちが生きている日本では、よほどダークな世界でない限り、人身売買が行われることはありません。私たちが耳にする「契約」という言葉は、正式な約束事といった意味でふだん使われています。『新明解国語辞典』（三省堂書店）によれば、契約は「（私法上の効果を生じさせる目的で）当時者の間で約束を取りかわすこと。また、その約束。」とあります。契約という言葉も、「契」よりは約束の「約」の字の方が、今は重みが増しています。

ただ、雇われている人のうち、契約という名の約束を会社と結んでいるという感覚を持って働いている人は、どれだけいるでしょう。契約なんて固いことを言わなくても「うまくやってくれるだろう」と、会社任せの人が大部分だと思います。未来は安心と思っている正社員ほど、特にそうかもしれません。

むしろ「将来のために改めて契約を」などと言い出せば、疑っているのかと思われ、信頼関係が傷つくという人もいるでしょう。けれども、これからは会社と働く人が契約という約束を尊重し合うことから、本当の信頼関係は築かれていくはずです。

かつて会社も「契約なんて堅苦しいこと考えず、真面目に働いてくれれば、かならず将来まで面倒見る」と社員に太鼓判を押し、事実、安定した生活を保障できた時代もありました。そのときは、ただ会社を信頼してさえいれば、よかったのでしょう。

しかし、そんな時代は過ぎ去りました。業績急落、不祥事、事業再編など、希望退職の募集や別会社への転籍などを通じ、正社員でもいつ会社から雇用契約の終了を突如提示されるかわかりません。賃金の支払い方も複雑に変更され、事情を呑み込めないまま、収入が減り生活が苦しくなっている正社員もいます。定年後は、どんな雇用契約に切り替えられるかによって、働き方もまったく違ってきます。それが、21世紀になってからの日本の現実です。

これから働き手が自分の身を守るためには、まず雇用が契約だということ、つまりは決められた約束は守られなければならないということを、もっと認識することが必要です。正社員もそうですし、不利な条件で働くことも多い非正社員こそ、契約意識を持つことが自身の状況を改善することにつながります。

雇う方と雇われる方の間で、どんな仕事でどんな働き方をするのかを、契約の時点でしっかりと合意する。それがあってはじめて相互の信頼は成り立ちます。これまでは職場の曖昧な雰囲気に流されるかたちで、個人の権利を犠牲にした、なし崩し的な働き方を事実上強制されることもありました。それも突きつめれば、契約を守るという意識が日本の雇用社会に徹底されてこなかったのが原因です。契約が定めた個人の権利を無視するのは、職場そのものの甘えであり、もっといえば暴力そのものなのです。

これからは雇用者が「自分は契約に基づいて働く権利がある」ということを誰もが堂々と言える社会になってほしい。パート勤務でも無期契約で働くことが保障されたり、長期の有期契約で重要プロジェクトにかかわりながらキャリアを積んでいく人が今後も増えていきます。契約期間を活用することで、多様な働き方が実現可能となるのです。

一方、雇用契約期間がわからないまま不安な状況に置かれている人々が、４００万人を超えるという現実は、日本の雇用社会には未成熟な部分があることを意味しています。早急にこのような事態を解消し、どんな人でも自分の雇用契約をしっかりと認識でき、未来に向かって悠々と働ける社会づくりが求められています。

遠くない将来に人々が「**正規や非正規といった曖昧な区分に翻弄され、大切な契約がないがしろにされていた時代が過去にはあった**」と、振り返る日が訪れるのを願っています。

『雇用は契約――雰囲気に負けない働き方』の執筆にあたっては、多くの方にご協力をいただきました。

本書では総務省統計局「就業構造基本調査」を活用しました。そこでは公表されている年報から情報収集したほか、統計法第33条に基づき、調査の個別調査票データを利用した分析を行いました。調査票情報の提供にご尽力いただいた方々にお礼申し上げます。総務省が雇用失業統計に関する調査の改善・充実を目的に開催している「雇用失業統計研究会」の関係者のみなさんにもたくさんのご示唆をいただきました。

またリクルートワークス研究所が実施している「全国就業実態パネル調査」の利用については、研究所のみなさんにたいへんお世話になりました。特に研究所員の萩原牧子さん、戸田淳仁さん、そして孫亜文さんには、データの内容や活用の仕方など、丁寧に教えていただきました。

これからも雇用契約の研究、なかでも契約期間が不明の人々を生み出さないための研究を続けていきたいと思います。その意義を理解していただくと同時に、現在の共同研究の仲間でもある神林龍さん、マルクス・ヘッケルさんにも感謝します。

本研究に際しては、科学研究費助成事業（学術研究助成基金助成金）挑戦的萌芽研究『「雇用契約期間」を軸とした不安定雇用研究の再構築』（課題番号16K13368、研究代表者・玄田有史、平成28年度～30年度）の助成を受けました。

最後に、雇用契約についての認識が社会に広まっていくことの重要性を理解くださり、熱心に出版のお声がけをいただいた筑摩書房の石島裕之さんに感謝を申し上げます。石島さんにはきめ細かい編集作業も精力的に行っていただきました。
この本は雇用契約の大切さに関心を持っていただける読者がいることを信じ書きました。最後までお読みいただいたみなさん、ありがとうございました。

玄田有史

二〇一八年二月

玄田有史（げんだ・ゆうじ）

一九六四年生まれ。現在、東京大学社会科学研究所教授。労働経済学を専攻。著書に『仕事のなかの曖昧な不安――揺れる若年の現在』（中央公論新社、日経・経済図書文化賞、サントリー学芸賞）、『ジョブ・クリエイション』（日本経済新聞社、エコノミスト賞、労働関係図書優秀賞）、『働く過剰――大人のための若者読本』（NTT出版）、『人間に格はない――石川経夫と2000年代の労働市場』（ミネルヴァ書房）、『危機と雇用――災害の労働経済学』（岩波書店、冲永賞）など、編著に『人手不足なのになぜ賃金が上がらないのか』（慶應義塾大学出版会）などがある。

筑摩選書 0158

雇用《こよう》は契約《けいやく》　雰囲気《ふんいき》に負《ま》けない働《はたら》き方《かた》

二〇一八年三月一五日　初版第一刷発行

著者　玄田《げんだ》有史《ゆうじ》

発行者　山野浩一

発行所　株式会社筑摩書房
東京都台東区蔵前二-五-三　郵便番号　一一一-八七五五
振替　〇〇一六〇-八-四一二三

装幀者　神田昇和

印刷 製本　中央精版印刷株式会社

乱丁・落丁本の場合は左記宛にご送付ください。

送料小社負担でお取り替えいたします。

ご注文、お問い合わせも左記へお願いいたします。

筑摩書房サービスセンター
さいたま市北区櫛引町二-六〇四　〒三三一-八五〇七　電話　〇四八-六五一-〇〇五三

 ISBN978-4-480-01665-2 C0336

筑摩選書
0070

社会心理学講義
〈閉ざされた社会〉と〈開かれた社会〉

小坂井敏晶

社会心理学とはどのような学問なのか。本書では、社会を支える「同一性と変化」の原理を軸にこの学の発想と意義を伝える。人間理解への示唆に満ちた渾身の講義。

筑摩選書
0071

一神教の起源
旧約聖書の「神」はどこから来たのか

山我哲雄

ヤハウェのみを神とし、他の神を否定する唯一神観。この観念が、古代イスラエルにおいていかにして生じたのかを、信仰上の「革命」として鮮やかに描き出す。

筑摩選書
0072

愛国・革命・民主
日本史から世界を考える

三谷 博

近代世界に類を見ない大革命、明治維新はどうして可能だったのか。その歴史的経験から、時空を超える普遍的英知を探り、それを補助線に世界の「いま」を理解する。

筑摩選書
0076

民主主義のつくり方

宇野重規

民主主義への不信が募る現代日本。より身近で使い勝手のよいものへと転換するには何が必要なのか。〈プラグマティズム〉型民主主義に可能性を見出す希望の書！

筑摩選書
0087

自由か、さもなくば幸福か？
二一世紀の〈あり得べき社会〉を問う

大屋雄裕

二〇世紀の苦闘と幻滅を経て、私たちの社会はどこへ向かおうとしているのか？　一九世紀以降の「統制のモード」の変容を追い、可能な未来像を描出した衝撃作！

筑摩選書
0127

分断社会を終わらせる
「だれもが受益者」という財政戦略

井手英策　古市将人
宮崎雅人

所得・世代・性別・地域間の対立が激化し、分断化が進む現代日本。なぜか？　どうすればいいのか？　「救済」から「必要」へと政治理念の変革を訴える希望の書。

筑摩選書 0130

これからのマルクス経済学入門

松尾 匡
橋本貴彦

マルクスは資本主義経済をどう捉えていたのか？ マルクス経済学の基礎的概念を検討し、「投下労働価値」がその可能性の中心にあることを明確にした画期的な書！

筑摩選書 0133

憲法9条とわれらが日本
未来世代へ手渡す

大澤真幸 編

憲法九条を徹底して考え、戦後日本を鋭く問う。社会学者の編著者が、強靭な思索者たる井上達夫、加藤典洋、中島岳志の諸氏とともに、「これから」を提言する！

筑摩選書 0141

「働く青年」と教養の戦後史
「人生雑誌」と読者のゆくえ

福間良明

経済的な理由で進学を断念し、仕事に就いた若者たち。知的世界への憧れと反発。孤独な彼ら彼女らを支え、結びつけた昭和の「人生雑誌」。その盛衰を描き出す！

筑摩選書 0142

徹底検証 日本の右傾化

塚田穂高 編著

日本会議、ヘイトスピーチ、改憲、草の根保守、「慰安婦報道」……。現代日本の「右傾化」を、ジャーナリストから研究者まで第一級の著者が多角的に検証！

筑摩選書 0150

憲法と世論
戦後日本人は憲法とどう向き合ってきたのか

境家史郎

憲法に対し日本人は、いかなる態度を取ってきただろうか。世論調査を徹底分析することで通説を覆し、憲法観の変遷を鮮明に浮かび上がらせた、比類なき労作！

筑摩選書 0153

貧困の戦後史
貧困の「かたち」はどう変わったのか

岩田正美

敗戦直後の戦災孤児や浮浪者、経済成長下のスラムや寄せ場、消費社会の中のホームレスやシングルマザーなど、貧困の「かたち」の変容を浮かび上がらせた労作！